中华复兴之光
神奇建筑之美

经典园林荟萃

胡元斌 主编

汕头大学出版社

图书在版编目（CIP）数据

经典园林荟萃 / 胡元斌主编. -- 汕头 ： 汕头大学
出版社，2017.1（2023.8重印）
（神奇建筑之美）
ISBN 978-7-5658-2897-3

Ⅰ. ①经… Ⅱ. ①胡… Ⅲ. ①古典园林－介绍－中国
Ⅳ. ①K928.73

中国版本图书馆CIP数据核字(2016)第325476号

经典园林荟萃　　　　　JINGDIANYUANLINHUICUI

主　　编：胡元斌
责任编辑：宋倩倩
责任技编：黄东生
封面设计：大华文苑
出版发行：汕头大学出版社
　　　　　广东省汕头市大学路243号汕头大学校园内　邮政编码：515063
电　　话：0754-82904613
印　　刷：三河市嵩川印刷有限公司
开　　本：690mm×960mm　1/16
印　　张：8
字　　数：98千字
版　　次：2017年1月第1版
印　　次：2023年8月第4次印刷
定　　价：39.80元
ISBN 978-7-5658-2897-3

前　言

党的十八大报告指出："把生态文明建设放在突出地位，融入经济建设、政治建设、文化建设、社会建设各方面和全过程，努力建设美丽中国，实现中华民族永续发展。"

可见，美丽中国，是环境之美、时代之美、生活之美、社会之美、百姓之美的总和。生态文明与美丽中国紧密相连，建设美丽中国，其核心就是要按照生态文明要求，通过生态、经济、政治、文化以及社会建设，实现生态良好、经济繁荣、政治和谐以及人民幸福。

悠久的中华文明历史，从来就蕴含着深刻的发展智慧，其中一个重要特征就是强调人与自然的和谐统一，就是把我们人类看作自然世界的和谐组成部分。在新的时期，我们提出尊重自然、顺应自然、保护自然，这是对中华文明的大力弘扬，我们要用勤劳智慧的双手建设美丽中国，实现我们民族永续发展的中国梦想。

因此，美丽中国不仅表现在江山如此多娇方面，更表现在丰富的大美文化内涵方面。中华大地孕育了中华文化，中华文化是中华大地之魂，二者完美地结合，铸就了真正的美丽中国。中华文化源远流长，滚滚黄河、滔滔长江，是最直接的源头。这两大文化浪涛经过千百年冲刷洗礼和不断交流、融合以及沉淀，最终形成了求同存异、兼收并蓄的最辉煌最灿烂的中华文明。

五千年来，薪火相传，一脉相承，伟大的中华文化是世界上唯一绵延不绝而从没中断的古老文化，并始终充满了生机与活力，其根本的原因在于具有强大的包容性和广博性，并充分展现了顽强的生命力和神奇的文化奇观。中华文化的力量，已经深深熔铸到我们的生命力、创造力和凝聚力中，是我们民族的基因。中华民族的精神，也已深深植根于绵延数千年的优秀文化传统之中，是我们的根和魂。

　　中国文化博大精深，是中华各族人民五千年来创造、传承下来的物质文明和精神文明的总和，其内容包罗万象，浩若星汉，具有很强文化纵深，蕴含丰富宝藏。传承和弘扬优秀民族文化传统，保护民族文化遗产，建设更加优秀的新的中华文化，这是建设美丽中国的根本。

　　总之，要建设美丽的中国，实现中华文化伟大复兴，首先要站在传统文化前沿，薪火相传，一脉相承，宏扬和发展五千年来优秀的、光明的、先进的、科学的、文明的和自豪的文化，融合古今中外一切文化精华，构建具有中国特色的现代民族文化，向世界和未来展示中华民族的文化力量、文化价值与文化风采，让美丽中国更加辉煌出彩。

　　为此，在有关部门和专家指导下，我们收集整理了大量古今资料和最新研究成果，特别编撰了本套大型丛书。主要包括万里锦绣河山、悠久文明历史、独特地域风采、深厚建筑古蕴、名胜古迹奇观、珍贵物宝天华、博大精深汉语、千秋辉煌美术、绝美歌舞戏剧、淳朴民风习俗等，充分显示了美丽中国的中华民族厚重文化底蕴和强大民族凝聚力，具有极强系统性、广博性和规模性。

　　本套丛书唯美展现，美不胜收，语言通俗，图文并茂，形象直观，古风古雅，具有很强可读性、欣赏性和知识性，能够让广大读者全面感受到美丽中国丰富内涵的方方面面，能够增强民族自尊心和文化自豪感，并能很好继承和弘扬中华文化，创造未来中国特色的先进民族文化，引领中华民族走向伟大复兴，实现建设美丽中国的伟大梦想。

目　录

网师园

网师园始称"渔隐"，始建于1174年，1765年定名为"网师园"。

网师园位于苏州旧城东南隅葑门内阔家头巷，为典型的宅园合一的私家园林。全园共分三部分，东部为住宅，中部为主园，西部为内园。

全园布局紧凑，结构精巧，空间尺度比例协调。它以精致的布局、深厚的文化内涵以及典雅的园林气息，当之无愧地成为江南中小古典山水宅园的代表，是古典园林的精品之作。

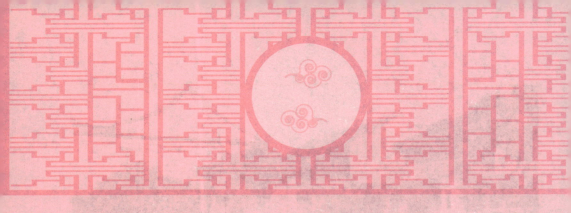

颇具特色的宋代古物

　　网师园始称"渔隐"，建于1174年，由吏部侍郎史正志所建。当时，吏部侍郎史正志因仕途不得志来到苏州，请人建了一座宅园。

　　宅园建成后，史正志自誉藏有万卷书，遂将园取名为"万卷堂"，并在大门对面造圃，意思是泛舟五湖，并自号"渔隐"。史正志在园中建有门厅和藏书厅等。

　　门厅位于网师园住宅部分的正门，与当时一般士大夫家族的住宅大门一样，是两扇对开的黑漆大门，东西两侧设巷门，对面有高大的照壁。

　　大门前旧有盘槐四棵，传说为史正志亲手所植，后

来有两棵枯死了。这种门前种槐的风俗，在苏州具有悠久的历史。

至于藏书厅，后来在其旧址上建有大厅，又称万卷堂，为了纪念史正志建造于此的藏书厅。

后来史正志所建的万卷堂被毁废了，由常州一个丁姓人家购得，成为囤积粮食的粮场。在宋代到元明及清初的这500多年间，万卷堂的主人换了又换，但都没有被重建。

到1785年，光禄寺少卿宋宗元隐退苏州，购得万卷堂故址，重新规划布置。宋宗元在其中置12景，重建完成后初取名"网师小筑"，后名"网师园"。

宋宗元自比渔人，号"网师"，并以此为花园命名，一方面借吏部侍郎史正志花圃"渔隐"的原意，有隐居自悔之意，另一方面因为园旁边有巷名王思，取其谐音罢了。

据史料记载，宋宗元所建的网师园，有亭、有山、有水、有池、

有楼还有阁，但大多数都为木质建筑，极易荒废，宋宗元死后园便大半倾圮了。

网师园内还存留着砖雕门楼等宋宗元建造网师园时的古物。砖雕门楼雕刻精致，饱经沧桑数百年仍然古雅清新，完好无损，精美绝伦，享有"江南第一门楼"的盛誉。

砖雕门楼位于门厅和大厅之间，高约6米，宽约3米，厚1米，门楼东西两侧是黛瓦盖顶的风火墙，古色古香。顶部是一座飞角半亭，单檐歇山卷棚顶，戗角起翘，黛色小瓦覆盖，造型轻巧别致，挺拔俊秀，富有灵气。

屋檐下枋库门为四方青砖拼砌在木板门上而成，并以梅花铜质铆钉嵌饰，既美观大方，又牢固实用。

门楼南侧上枋嵌有砖雕的家堂，供奉"天地君亲师"五字牌位，极其精致。门楼北为主体，滴水瓦下全用水磨青砖精制而成，既是屋顶支撑物，又是门楼的装饰物。

门楼中部上枋横匾是蔓草图，蔓生植物枝繁叶茂，滋长延伸，连绵不断，象征茂盛、长久吉祥。横匾两端倒挂砖柱花篮头，刻有狮子滚绣球及双龙戏珠，飘带轻盈。横匾边缘外，挂落轻巧，整个雕刻玲珑剔透，细腻入微，令人称绝。

在门楼的砖额上雕着"藻耀高翔"四个大字。"藻"乃水草总称。"藻耀"意指文采飞扬。"高翔"即展翅高飞。两侧为兜肚，分别刻有"郭子仪上寿"和"周文王访贤"的戏文图。

左侧刻的是"郭子仪上寿"的立体戏文图。图中郭子仪端坐正堂，胡须垂胸，慈祥可亲。左右八个文武官员，依次站立，有的手捧贡品，有的手拿兵器，厅堂摆着盆花，门前石狮一对，好不气派。

据说，郭子仪在唐肃宗时为平定安禄山、史思明之乱立了大功，被封为汾阳王，后为兵部尚书。他活了84岁，年寿很高，他的八个儿子和七个女婿都为朝廷命官，史书称誉郭子仪为"大富贵"和"大贤大德"，所以这幅戏文图寓意为"福寿双全"。

右侧刻的是"周文王访贤"的立体戏文图，描写周文王访姜子牙的场景。图中姜子牙长须披胸，庄重地端坐于渭河边，周文王单膝下跪求贤，文武大臣前呼后拥，有的牵着马，有的手持兵器，浩浩荡荡。周文王备修道德，深受百姓爱戴，是个大德之君，而姜子牙文韬武略，以大贤闻名，这幅"文王访贤"戏文图寓意为"德贤兼备"。

门楼的下枋横匾上三个圆形"寿"字，"寿"字周围的淡灰色水磨青砖上，刻有展翅飞翔的蝙蝠和空中飘扬的一簇簇的云朵。

"蝙蝠"两字中"蝠"与"福"同音，象征长寿吉祥。整个门楼上"福""禄""寿"三星图案韵致隽永，寓意为三星高

照，洪福齐天，寿与天高。

门楼上的砖雕是用凿子和刨子在质地细腻的青砖上，运用平雕、浮雕、镂雕和透空雕等砖雕艺术手法雕琢而成，历史人物栩栩如生，飞禽走兽和花卉图案形象逼真。

雕刻艺术的神韵和历史故事的风韵，二者相互渗透，庄重而古雅，闪烁着吴地文化和民间艺术的灿烂光芒，以特有的风格丰富了网师园的传统文化内涵。

这种将装饰作用与祈福作用糅合为一的做法，也是我国古典文化中一种独特的思维方式。

从住宅区通往园林区的第一道门上有额题"网师小筑"四字，这是第一代创始园主宋宗元给此园所取的名称。

门极为狭小，并且加上"小筑"两字，使进入园林的人们心中自然存了一个"小"字。但进入门中，眼前却豁然开朗，顿时会产生山高水阔、柳暗花明的感觉，以入口之小反衬出了园林之大。

网师园总占地不过5000多平方米，虽然不大，但在设计中极富匠心，通过各种手段来拓展其感觉空间，以出人意料的对比手法，造成感觉上的冲击震撼，从而增强景观的气势。

此外，网师小筑的入口处于矩形园林的一角而朝向对角，在视线上利用了最长的对角线。在这一对角线上

又以黄石堆叠成"云岗"来掩去占据园林中央位置的大水池的大半部分，在云岗前又建一小亭，使它也只露一角，若隐若现，更显得山重水复，曲折幽深。

宋宗元给这座园林起名为网师园，传说这与渔翁王思父女有关。

据说宋宗元晚年才得一子，取名双喜。双喜从小聪明活泼，经常四处游玩。

有一次，双喜到瞻台钓鱼，不小心掉入湖中，幸亏渔翁王思和女儿桂芝路过将他救起，又摇船送他回家。

宋宗元得知后，为了报答王思父女对儿子的救命之恩，特用渔翁的尊称"网师"给花园命名。

知识点滴

颇有韵味的清代建筑

1795年，太仓富商瞿远村购得网师园，此时的网师园只剩池水一泓了。

瞿远村在其中增建亭宇，叠石种树，重建了网师园。所以，人们

又称网师园为瞿园。网师园的总体布局也大概奠定于此时，存留下的网师园依然保持着瞿氏当年造园的结构与风格。

瞿远村构思非常巧妙，使网师园地只数亩，而有迂回不尽之致，居虽近缠，而有云水相忘之乐。其中主要建筑有小山丛桂轩、月到风来亭、竹外一枝轩和云岗等。

小山丛桂轩取意于北周文学家庚信暮年的作品《枯树赋》中的"小山则丛桂留人"，以喻迎接和款待宾客之意。

小山丛桂轩是四面都是福扇的四面厅，四周环以檐廊，在其中可观赏到四方的景物。以"小山丛桂轩"为名，是针对厅西和南两面曲尺形小院中的湖石假山和桂树而言的。

小山丛桂轩轩北是临水的黄石大假山云岗。假山自东部拔地而起，向西渐低下平缓，延伸至西部而曲折向北，逐渐散开。

这些聚散不一的湖石形态各异，有的如兽似禽，跳宕活泼，有的气势雄伟，洞府阴森，有"十二生肖石"之称。

小山丛桂轩轩南的院落，是由奇峰怪石循南墙围出的一个狭长的花坛，花坛所植以桂树为主。

在《楚辞》中淮南小山所作的《招隐士》中，以"桂树丛生兮山之幽"来描写隐士居处之幽独清雅，所以在这里种植桂树也含有隐居的意思。

整个小山丛桂轩以湖石假山来比喻《招隐士》的作者，用桂树来切合《招隐士》句意，隐含此园为隐士所居的意思，切合了园名"网师"所指的"渔隐"之意。还又以"小山丛桂"为轩名，点明这一含意。

小山丛桂轩西南湖石假山后，筑有蹈和馆与琴室二建筑，与唐代诗人齐己的《寄镜湖云干处士》诗云"闻君与琴鹤，终日在渔船"暗合。

从功用上看蹈和馆与琴室都是为宴饮作乐时弹琴奏乐和歌舞表演

而设。蹈和馆名取履行天和之意。

在小山丛桂轩和水池之间云岗巍然屹立，显然是为了作为轩之障景而造的。池水的水面开阔，通过狭长的走廊和云岗，可以达到豁然开朗的效果。

云岗与大多园林中的主山一样，临池而筑，借池中倒影来增强其巍峨的气势。在状态上云岗模拟云层的艺术手法也与大多园林相似。

不同的是，大多江南古典园林的主山都以色白质柔的太湖石为材料，较易模拟云彩的千姿百态，而云岗却是以石质坚硬、分明的黄石叠成。

瞿远村在堆叠时巧妙地使山体高峻集中以体现其凝重浑朴的气质，又在局部增其曲折凹凸，并中藏洞壑，令其拙中有巧，凝而不滞。这一系列富于匠心的安排布置，使云岗在凝重沉静中含蒸腾放逸之姿，如堆云积霞，实至名归。

在将住宅区与园林区分开的墙边上，是竹外一枝轩与池东的射鸭廊以及廊南的半山亭构成一组面对池水的敞开式的建筑群。临池一排轩、廊和亭连成一气，避免了住宅建筑侧面的单调和沉重感，形成宅、园间的自然过渡。

赤云丹霞般的云岗直逼园中水池，池中倒影的影像随风波动，更增其灵动升腾之态，云岗边的水池也因而名为彩霞池。

以"云"和"霞"拟山，赋予拙重的黄石山以动感，这种融合轻重、动静的审美趣味，体现出我国文化底蕴的合二为一的思维模式。

云岗与彩霞池相接处有石径。在石径上闲步，穿行于山水之间，仰可扣危岩，俯可濯清波。从对岸望来，似在黄云赤霞之中漫游，恍若神话里的云中君。

濯缨水阁与云岗并列于彩霞池南，专用以临池玩水，以《楚辞》中"沧浪之水清兮，可以濯吾缨"的典故，取名"濯缨"。

一方面点明其玩水的性质，又借以暗合"网师"和"渔隐"之意。池水在初建时本与沧浪亭前之薪溪相通，这一阁名更显得妥帖巧妙。

出濯缨水阁，沿西墙有走廊名樵风径。走廊一面临池，而高出池上，中途有一攒尖六角小亭，为月到风来亭。

此亭高悬于水面，突出于池中，三面临水，不仅是领略水风波月的佳处，本身也是园中主要建筑之一。亭后廊墙上嵌有一面落地大镜子，乍望像是方形洞门，门内别有天地。

从构图上看，月到风来亭是南部以小山丛桂轩为主的秋景的延续，也是南区与北区、西区的过渡和缓冲地带。从造景上看，月到风来亭是打破池岸平直和增加景深的有效手段。

据此，东可见射鸭廊和黄石假山前后错落于撷秀楼的粉墙前，南可览濯缨水阁和小山丛桂轩的一角隐约于山石之际，北可望看松读画轩和竹外一枝轩谦让于山石和平桥之后，可谓俯仰高低天水翠，环顾左右廊馆连。

竹外一枝轩为开敞三间，形似走廊但稍宽，与东侧射鸭廊直角相交。轩北墙正中有一圆洞门，通往集虚斋前的天井。门两侧的矩形洞窗正对天井中的两丛翠竹，沟通内外景物。

轩南临池处则有梅花数株，疏影照水。此情此景恰与苏轼的《和秦太虚梅早劫》诗句"江头千树春欲暗，竹外一枝斜更好"相合，故取轩名为"竹外一枝轩"。

五峰书屋位于整个住宅部分的第五进，书屋前后都有庭园，其北庭园稍小，东植紫薇、芭蕉而西有一峰高峻嵌空的湖石，屋前的南庭园则以湖石假山为主。

假山略分内外两重，靠南墙的大堆假山嵯峨峻峭，峰峦起伏，非

常壮观。外围的湖石则横向堆叠，状如朵朵云彩，自屋中浏览，神似遥耸于云雾之上的远山，而假山紧贴着的高大粉墙也恍若白日照临下的万里晴空。

书屋以"五峰"为名，就是将此湖石假山比拟为连绵的山峰，通常认为"五峰"指庐山五老峰。假山旁有一株山茶，可同时绽放13种颜色不同的花朵，名为十三太保，这株山茶也是网师园之一奇。

五峰书屋之后廊有小门通往集虚斋。集虚斋为二层楼房，楼上本是闺阁，是古代未出阁少女居住的所在。集虚斋之名取自《庄子》"唯道集虚，虚者，心斋也"，表示这里是修身养性之处。此斋既为养心而设，故斋前天井中素净清幽，只种植两丛翠竹，绿影摇曳中拂尽杂念俗意。

知识点滴

宋宗元卒后不久，网师园就很快荒废了。有一天，瞿远村偶然间路过网师园，觉得这个园林的隐士气息很符合自己的心意，悲其荒废，乃购买后重加经营。

瞿远村为人恬淡平和，是一个真正有隐士格调的人。瞿远村在苏州外本有宅名抱绿渔庄，但在购下网师园后，便经常住在苏州，还亲自精心规划、布置网师园，使网师园面目一新，更胜旧时规模。

这样，存留下来的网师园就基本上保持了瞿远村当年的总体结构。

闻名海外的殿春簃

1876年，江苏按察使李鸿裔购得此园，后来李辞官徙居园中，因园位于苏舜钦所建的名园沧浪亭之东，李鸿裔自称苏邻，所以网师园曾一度改名为苏邻小筑。

瞿远村为园主时，网师园的宅园风格还不是非常明显，因为瞿远村并不经常居于园中。而李鸿裔为园主的这段时间，像轿厅这样具有

宅园风格的建筑就逐步建成了。

大门所在的建筑称作门厅，正对门厅的第二进建筑就是轿厅，二厅间有廊庑连通。所谓轿厅，就是当时停放轿子的地方，乘轿者都要在这儿上下轿子。轿厅中还辟有供轿夫休息的小室。

1896年，李鸿裔的后嗣又在园中建造撷秀楼。大厅之后就是主人所居住的二层楼厅，因在楼上凭栏可以望见全园美景，故取名为撷秀楼。

撷秀楼同大厅一样面阔五间，附带厢房。楼上是主人一家居住生活的所在。楼下是内眷们聚集宴会之处，俗称女厅。

1917年网师园为张锡銮所有，易名"逸园"，又称"张家花园"，筑琳琅馆、道古轩、殿春簃和笤月亭诸胜，其中数殿春簃最为有名。

殿春簃位于看松读画轩西侧，是一个独立的庭院。院门辟于樵风径半廊北端，额题"潭西渔隐"四字。院内靠北一排建筑分为两间，东侧为主室，正中悬"殿春簃"匾额，且作有跋文：

庭前隙地数弓，昔之芍药圃也。

以上说明了室名取为"殿春簃"的缘故。因芍药花开放于春末，故苏轼有"多谢化工怜寂寞，尚留芍药殿春风"的美妙诗句，园主据此而取"殿春"两字为室名，又因这里为与主园相连通的花圃小屋，故称为"簃"。

殿春簃厅前有青砖铺地，南端有石山稍许，西墙有半亭曰冷泉亭，石际有清泉曰涵碧泉。院内当年辟作药栏，遍植芍药，每逢晚春，园中唯有此处"尚留芍药殿春风"。

殿春簃前庭院的芍药花与牡丹花，在瞿远村重建网师园后便极为著名了。

殿春簃前的庭院布局精致清雅。院中除北面为小室外，东、南、西三面都有假山石遮去墙脚。这些假山石连绵不绝，修短有度，在不多的空间里营造出一派崇山峻岭的气势。

殿春簃是网师园的书斋，是很能激励人发奋攻读的处所。小院环

境清幽，建筑、山石和花木布置得体，显得简洁利落、工整典雅、朴素自然。

殿春簃小院中主要建筑物是殿春簃厅堂。殿春簃为一座三间厅带一夹屋，坐北朝南。正屋三间夹屋两间，平面参差，高低错落，外形多变化。

正屋门前设有回廊，回廊前置石砌平台，平台围以低矮的石雕栏杆，配以石凳，颇有层次。厅堂的旁侧另辟带斜栏的短廊与出口相通，短廊的一侧高墙上巧设花式各异的漏窗，隐约透漏出网师园主景区的景色，使本感闭塞的庭院一隅显得隔而不断、闭而不塞。

在短短的十余米回廊上，采用木栏、石栏、斜栏划分空间，点缀花木，不仅使小院平添生气，而且使局部立面变化多端，层次分明，呈现出一种静谧的美感和朴素自然的意境。

石砌平台前匠心独运地设置了一块不规则的山石作踏步，恰到好处地与小院中沿墙兀立的山石峰峦相呼应，以示山峰奇石延伸的余脉，使建筑通向庭院空间的过渡显得平顺、自然，且融为一体。

在敞露的殿春簃庭院中沿墙设置着姿态各异的山石奇峰，山石奇峰以粉墙黛瓦助姿，墙随峰高。在庭院中品评山石，犹如面对以墙为纸、山石峰峦为景物的水墨画，在疏密得体的绿树花丛映衬下，使园内景色陡增，驻足细玩令人联想翩翩，意境层出。

随着峰石琦列，造园者巧运匠心地在敞露的庭院中将洞藏匿于峰中，将路隐没于山林之中，一弯冷泉，而冷泉则深藏于冷泉亭旁的洞壑之内。在敞露的空间内，巧妙地将洞、路与泉隐藏于山石奇峰和林木之中，做到敞露中有隐藏，十分含蓄。

殿春簃建筑的北面，另辟有一个咫尺封闭的空间，透过建筑物的窗洞可以观赏到隐藏在建筑之后咫尺空间中的芭蕉、竹、梅和耸立的山石等框景画幅，皆成妙品。

这种处理手法不仅为建筑的后窗增添了窗景，又巧妙地将隐藏的咫尺小空间显露出来，自然且适度地运用了藏中有露、露中有藏的造园手法，恰到好处。

同时，关于地面铺砌也蕴含了颇多的心血。利用卵石、碎砖瓦片和碎瓷片等信手可得寻常之物，相间铺砌，砌成各式图案，令人赏心悦目，颇生妙趣。

殿春簃庭院中的铺地艺术处理，在很大程度上衬托出园林静谧氛围，也表达出一定的空间扩大感及建筑延伸感，使人联想到园林建筑的统一协调。

正是因为它具有独特的艺术魅力以及得体的造园手法，殿春簃庭院建筑被整体仿建于美国纽约大都会博物馆二楼的玻璃大厅内。

这枝民族文化之林宝库中的奇葩，向世界展示、弘扬了我国优秀的园林文化艺术的风貌，以它端庄秀丽、精而不俗、典雅风致，令人陶醉而博得海内外各界人士的赞赏。

知识点滴

网师园的殿春簃在海内外都闻名遐迩，因为它是第一座被移筑到大洋彼岸的中国古典园林。

1978年，美国博物馆代表方闻教授访问中国，提出要会见对中国建筑有精深研究的陈从周教授，二人会面后，方闻对陈从周说："我在纽约收集了许多中国明代家具，一直想把它们陈列出来，但不知道放在什么地方比较合适？"

陈从周不假思索地说："明代家具当然要放在明代建筑里面呀。"

方闻闻言如梦初醒，说："先生所言极是，明代家具应该摆在明代建筑里，可是我在美国，上哪儿去找明代建筑呢？"

陈从周大笑道："这个容易，我给你找个现成的，苏州网师园里的殿春簃就很合适，你把它移筑到美国，一切就迎刃而解了。"

就这样，在陈从周教授的推荐下，以殿春簃为蓝本的中国明式古典庭院"明轩"就在美国建成了。

以小衬大的网师园

后来，文物收藏家何亚农购得此园，费时三年，再次对网师园进行了全面整修，悉从旧规，并充实古玩书画，并复用"网师园"旧名。

新中国成立后，何亚农后人将网师园捐献给国家。苏州园林管理处对网师园进行全面整修，扩建了梯云室，增修了涵碧泉、冷泉亭，使住宅园林修茸一新。

庭院西南隅有泉一泓，其上一石镌"涵碧泉"，取朱熹"一水方涵碧"句意。涵碧泉有暗脉与彩霞池相通，终年不涸。

此潭虽小，但与中

部彩霞池同一原则，都是与假山石互相映衬，但中部是以假山来衬托水池，这里则以小潭来衬托假山，主客互易，同中有异，显得富于变化。

涵碧泉洞容幽深，寒气逼人，与主园大池水脉贯通，此一眼泉水如蛟龙吐珠，使无水的"殿春簃"不偏离网师园以水为中心的主题，北半亭"冷泉亭"因"涵碧泉"而得名。

冷泉亭中置黑色灵璧石一块，高3米有余，状若巨鹰展翅。灵璧石产于安徽灵璧县磬山，其石叩之如磬，黑白兼有。

明人文震亨《长物志品石》道：

石以灵璧为上……大者尤不易得，高逾数尺者，便属奇品。

于此可见此石之名贵。传说此石原为明代大画家唐寅桃花坞宅中之物。铺地小院中心，以卵石铺地，并以不同石色铺出图案，显得平正雅洁，与中部明净的水池异中求同，气势相通。

撷秀楼有廊通往后花园。后花园面积不大，正北一面则是面对整个后花园的小室，取名梯云室。东、南和西三面墙壁都掩映于高下参差、聚散不一的太湖石和松竹花木之后，拓展了人们的想象空间。由于处于狭长小园的纵深一端，从室内观赏园景时，又进一步在视觉上拓展了空间。

后花园多婉转险怪的太湖石，紧贴西墙的太湖石假山高达3米，状如白色云团。假山中空，有蹬道从其中盘屈而上，通向五峰书屋楼侧的腰门，这就是面对此假山的小室取名梯云室的来由。

古代有"梯云取月"的传说，这里就拿白色的湖石假山比作白云，突出登楼者飘飘欲仙的感觉。

这一布局，使整座园林外形整齐均衡，内部又因景划区，境界各

异。并且园中在一花一木、一亭一榭的培植与构架中，也包含绝大文章，其中的引静桥便是一例。

引静桥长仅2.3米，是石拱桥的模样。石拱桥在江南有很多，其桥洞高高拱起，为的是便于船只通过，但在这一步即可跨越的小涧上建拱桥，是为了通过与它的对比使云岗更显高峻巍峨，令彩霞池显得水面壮阔。

小桥在彩霞池东南水湾处，呈弓形，全部采用金山石造就。体态小巧，长仅2米多，宽不足1米，俗称"三步小拱桥"。

但是麻雀虽小，五脏俱全。引静桥石栏、石级、拱洞一应俱全，是一座袖珍小桥。桥顶还刻有一幅牡丹浮雕，线条柔和，花形秀美。

引静桥下是一条溪涧，自南蜿蜒而来。两岸用写意法叠成陡崖岩岸，藤葛蔓蔓，涧水幽碧，虽涧宽3米多，但似深不可测。

拨开桥南侧累累而垂的络石藤枝叶，则看到涧壁上刻有"盘涧"

两个大字，相传为宋代旧物。再溯流而上，则有一小巧的水闸立于涧流上游，岸边立有一石，上书"待潮"。

桥名"引静"，洞称"盘涧"，闸赋"待潮"，三者都体现了园主的优雅情趣。

引静桥飞跨盘涧，使彩霞池东、南两面景物因之浑然而为一体。经桥向东而行，可沿高墙至射鸭廊、竹外一枝轩。

向西则见云岗假山山势脉脉，濯缨水阁清风徐徐。藉桥而北眺，古柏苍然，小轩寂寂，宛然入于图画之中。

并且，由于四时气候之不同，则可赏之景亦呈千变万化之状。微雨轻飘之时，则见花湿楼隐，一片迷蒙景色。暖阳缓照之际，则有碧波青荷，的确是爽心之景。夏日黄昏，夕照下满池遍洒碎金。冬季雪后，一园尽着银装。诸种佳致，可立于一桥而尽览。

这座凌空横架于彩霞池与盘涧交界外的小桥，不仅隔成了园中水体的大小比照，而且它与西向而去、直至濯缨水阁的石面小径连成一线，使这一线南北更形成了山与水、动与静、明与暗等多种对比。

恰如引静桥两侧雕刻的12枚太极图案所蕴涵的阴阳互生之意那

样，使园景相互辉映，互增雅致，大大地丰富了园内这一角，甚至网师园整个中部园区的构筑层次和审美深度。

引静桥与西向小径一线之南，是山石嶙峋、松柏横斜的云岗，山中小道崎岖如羊肠，俨然一派高山巨脉气度。水桥之北则波际无垠，水涯漫漫。池背山而凿，山临水而叠，水以山衬而益广，山以水映而更高。

引静桥北是洋洋清波，一派浩然静态。但鱼游碟戏，荷叶摇于微风，又一副生机盎然的形态，静中有动。桥南则虽溪涧幽深无声，云岗巍然不动，一派安谧和谐的氛围，涧流奔冲有势，水流湍急骤泻，可谓动中有静。

姑苏园林之美名满江南，网师园作为姑苏园林中的小园经典，其美妙高超之处就在于精巧清俊，气新韵奇，于咫尺之地营造出一番山水真趣，日益闻名于海内外。

知识点滴

网师园这样的文人园林，其神趣主在"写意"，以极小的空间映出极大的山水意境。在造桥上，一般都采用平板曲桥，三四折浮水而架，以显水面阔大之感。

像网师园这样的小型园林绝少使用拱桥，而网师园中的引静桥一反传统而行之，优美的小拱桥与幽邃的窄涧、雅致的低闸构于一处，相得益彰，互不见其小。

宽广的中心水面彩霞池与这"不见其小而实小"的小桥深涧形成对比，加上池周围驳岸低砌，水湾、暗洞虚设，映衬得彩霞池烟波浩渺，水势迷漫。

并且，桥南之盘涧与此相映更添了几分深远悠长之意，仿佛真正野涧在此。

狮子林

　　狮子林位于苏州园林路，为苏州四大名园之一。它建于元代，是元代园林的代表。

　　因园内"林有竹万，竹下多怪石，状如狻猊者"，狻猊即狮子。又因天如禅师维则得法于浙江天目山狮子岩的普应国师，故取佛经中狮子座之意，命名为"狮子林"。

　　狮子林既有苏州古典园林亭、台、楼、阁、厅、堂、轩、廊之人文景观，更以湖山奇石，深邃洞壑而盛名于世，素有"假山王国"之美誉。

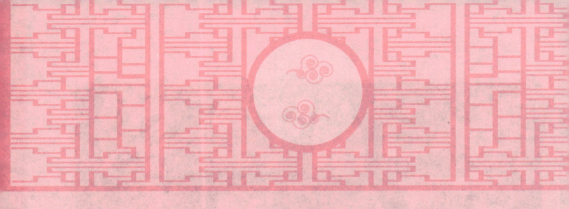

青狮化身的狮子林假山

传说，一天八仙中的铁拐李和吕洞宾赴王母娘娘的蟠桃宴，骑着一头青狮子路过天目山。山顶流下一溪清泉，铁拐李正感到口渴，见了大喜，忙降落云头，取下自己的宝葫芦，到泉边饮水。

此时，他骑的那头青狮子也跳进水里嬉耍，过了一刻，狮子爬上岸抖动身体，身上的水散落在四周的岩石上，顿时变成了一群活泼可爱的小狮子。

青狮正与小狮们亲密戏耍，铁拐李见了笑着对吕洞宾说："瞧，这青狮动了凡心，如今有了这么多子孙，就暂且罚它在这里做个狮子王罢！"

说罢铁拐李用铁拐一指，这群狮子就变回了石头的样子，青狮因不忍离去，也化成一座山峰。

后来到了宋代，浙江国师寺的普应国师是一位佛法高僧，一天云游至天目山，在此结庐诵经，天天清晨面对青狮所化的山峰高诵经文。

原来普应国师早已知道山上千奇百怪的狮子岩和狮子峰的来历。狮子在佛门叫"狻猊"，是佛国之兽，他有心要点化青狮，使它再恢复本相。

天长日久，狮子峰因为经常聆听高僧的说法居然通灵成精，又变回了一头青狮，恢复了灵性的青狮于是成了普应国师的坐骑。

后来，普应国师骑着青狮来到苏州菩提正宗寺，看望徒弟天如禅师。青狮也跟着普应国师来到菩提正宗寺的后花园。他们到后花园后，发现园中有很多怪石，形状像许多活脱脱的狮子。

青狮见了大喜，以为又回到了狮子群中，于是摇身一变，变成了一座狮子峰，青狮身上散落的狮毛也变成了各式各样形态的小狮子。有的像是在玩绣球，有的像双狮搏斗，有的张牙舞爪威风十足。

天如禅师见了双手合十，连声说"阿弥陀佛"，赞叹师父法力无边，功德圆满，菩提正宗寺成了佛国狮国。普应国师说："那就不妨将你这后花园称为狮子林吧！"

于是，这座后花园便有了"狮子林"这个名字，当然这只是一个美丽的传说。

狮子林原为菩提正宗寺的后花园，在1341年，高僧天如禅师来到苏州讲经，受到弟子们拥戴。

第二年，也就是1342年，弟子们买地置屋为天如禅师建禅林，因园内堆砌的假山形状像狮子一般，又因天如禅师得法于浙江天目山狮子岩的普应国师，故名"狮子林"。

狮子林的假山，通过模拟与佛教故事有关的人体、狮形和兽像等喻佛理于其中，以达到渲染佛教气氛的目的。

狮子林的山洞做法也不完全是以自然山洞为蓝本，而是采用迷宫式的做法，通过蜿蜒曲折、错综复杂的洞穴相连，所以其山用"情""趣"两字概括更相宜。

狮子林东部叠山以"趣"为胜，全部用湖石堆砌，并以佛经狮子座为拟态造型，进行抽象与夸张，构成石峰林立，出入奇巧的"假山王国"。

假山山体分上、中、下三层，有山洞21个，曲径九条，崖壑曲折，峰回路转，如迷宫一般妙趣横生。

在这片假山中共有四条路。第一条从小桥东洞口到卧云室北洞口。第二条从小桥西洞口到竹修阁洞口。第三条从卧云室西北洞口经小桥东池岸到棋盘洞口。第四条从卧云室西北洞口至棋盘洞，回到卧云室北洞口。

这些山洞错综复杂，互相缠绕，重重叠叠，盘枝错节。钻进这些山洞后，往往不容易再钻出来。传说，后来在清代，乾隆皇帝就在这个大的假山丛中钻来钻去转了两个时辰还是没有走出去。更有传说，说神仙在这里也得迷路。

在山顶石峰里有"含晖""吐丹""玉立""昂霄"和"狮子"诸峰，各具神态，千奇百怪。其中最有名的就是山

顶上的狮子峰，是一块巨型太湖石，很像舞狮。

狮子峰周围有含晖、吐月，含晖在东面，犹如巨人站立，左腋下有穴孔，腹部又有四个穴，如果站在峰后，可以见到光线从穴孔中微微透出；吐月在西，陡峭且尖锐，在傍晚时分，可以见到月亮渐渐出峰顶慢慢爬出。

假山上有很多太湖石峰和石笋，石峰间生长着松柏。整个山体是由太湖石架空叠成，磴道上下于岭、峰、谷、坳之间，时而上，时而下，有时穿洞，有时越桥，高高低低，左转右绕，进入假山犹如进入迷魂阵一般。

弟子们为天如禅师所造的园林，不仅假山蕴含了佛教摄理，建筑也别具匠心。

狮子林的门厅朝南，面阔近20米，中有将军门，门槛高将近1米，两旁置有抱鼓石、浮雕狮子戏绣球和刘海钓金蟾。大门上方悬挂着后来乾隆御书的红底金字的"狮子林"匾额，显示了它深厚的文化底蕴。

人们从门厅进入，穿过祠堂便可到达燕誉堂。燕誉堂是取《诗经》中"式燕且誉，好尔无射"之句而名。"燕"为安闲之意，"誉"

为欢乐之意，即此为"宴请宾客的安乐之所"。

此厅是苏州园林中较为著名的鸳鸯厅。所为鸳鸯厅就是一座大厅内用屏门和挂落隔成南北两部分，从内部看似两厅相连，但布置相异，装饰、家具、陈设各不相同，在功能上，前厅常为招待贵宾，内"堂"为密友聚谈，女眷欢聚的地方。

再往北就是指柏轩。指柏轩为两层楼建筑，全名是"揖峰指柏轩"。其名字

的来源一说是来自"赵州指柏"的典故，另一说源于宋代朱熹的诗句"前揖庐山，一峰独秀"和明代高启的诗句："人来问不应，笑指庭前柏"。

指柏轩是狮子林现存的唯一禅意建筑，其建筑名称大多与禅宗的公案有关。指柏轩体态高大，四周围廊，有栏杆围合。轩前古柏数株，并与假山石峰遥相呼应，为狮子林主景之一。

指柏轩的西侧是古五松园，据资料记载，狮子林中曾经的确有五棵参天古松，故当时亦称狮子林是五松园，但这五棵古松后来都枯死了。

古五松园西南侧为真趣亭。亭傍池而筑，后有复廊，卷棚歇山

顶，为花篮厅式面水轩。亭上方悬"真趣"匾额，为乾隆御书的。

由于是皇帝亲临之地，亭内装饰金碧辉煌，亭内结构装饰精美，屋架、梁柱刻有凤穿牡丹图案，六扇屏门上，刻有花卉、人物图案，还饰有"秀才帽"图案，寓意"秀才本是宰相苗"，鼓励认真读书，奋发向上，三面设吴王靠，饰有木刻狮子。

亭东、南、西三面刻有狮头及"卐"字花饰，油漆间以描金，富丽堂皇。在此小坐，可悉心欣赏湖心亭、九曲石桥、石舫、飞瀑和连绵的假山远景，石峰重叠，树木葱茏，一弯池水，几曲平桥，景色十分秀丽。

在指柏轩的正南方为卧云室。卧云室呈凸字形，两层，"卧云"这个名字出自金代著名文学家元好问的诗句"何时卧云身，因节遂疏懒"。卧云室上、下各有六只戗角飞翘，造型奇特，楼阁周围空间极狭，似在石壁重重的山坳中。

卧云室再往南则是修竹阁。修竹阁飞跨于池水之上，西连湖心岛，东通复廊，因此阁内南北墙上分别有砖额"通波"与"飞阁"。

修竹阁南北不设墙，在阁内北望，可见小溪蜿蜒于山间，曲折幽深。南望则见曲折错落的石岸围住湖水，似山中小湖，颇含野趣。阁处模仿天然石壁溶洞形状，把假山连成一体，手法别具匠心。

立雪堂位于修竹阁的东边，堂名出自禅宗典故"慧可见达摩"，意在教导人们尊师重道。堂中置落地圆光罩，俗称"一根篱"，此罩似迷宫图案，苏州园林中有两只，此为其中之一。

扇亭的西北方为双香仙馆。双香仙馆是长方形单檐亭，屋顶与廊共用，三面围木制栏杆，亭内设汉白玉石台。此处，冬闻腊梅香，夏闻荷花香，绿荫浓浓，古意盎然。

飞瀑亭位于双香仙馆的正北方，建在瀑布旁，为方形卷棚歇山顶式小亭。亭内西置屏门，上部刻有《飞瀑亭记》，下刻浮雕"杏林春暖""茶净纳凉""东篱佳色"和"山家清供"四幅。坐在亭中，流水潺潺，如闻涛声，故亭又名"听涛亭"。

天如禅师居住在狮子林中，曾作诗《狮子林即景十四首》，描述当时园景和生活情景。园建成后，当时许多诗人画家来此参禅，所作诗画列入"狮子林纪胜集"。

天如禅师谢世以后，弟子散去，寺园逐渐荒芜了，只有假山存留了下来，其余的建筑都是后来重建的。

到了1373年的明代，大书画家倪瓒途经苏州，曾参与造园，并题诗作

画，使狮子林名声大振，成为佛家讲经说法和文人赋诗作画之胜地。

1589年，明姓和尚托钵化缘于长安，重建狮子林、圣恩寺和佛殿，使狮子林再现了兴旺景象。

相传吕洞宾和铁拐李到狮子林中游玩，在狮子林的假山中七转八弯迷路走不出去。铁拐李走起来一拐一瘸，最后坐在石头上直喊累，连连呼唤吕洞宾将他驮出去。

吕洞宾说："我们下一盘棋决定输赢，谁输就将赢的人驮出去。"

说完就用宝剑在石头上刻画出棋盘。铁拐李一边下棋，一边想着如何出去，结果棋下输了，只好向吕洞宾求饶，吕洞宾这才将铁拐李驮着驾云飞出去。

他们下棋的山洞从此就叫作"棋盘洞"。

从此以后，铁拐李每次路过苏州就会按下云头，专程到这里来看假山，努力想找到走出假山的路。

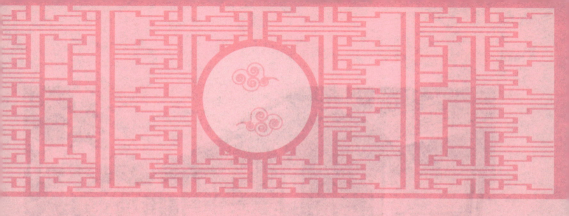

乾隆巡游而使寺园分家

　　1703年，康熙皇帝巡游来到狮子林，当时狮子林还是菩提正宗寺的后花园。康熙非常喜爱园内的美景，故将寺庙改名为"狮林寺"。

　　当时在园中有五棵参天古松，故又名五松园。后来这五棵松树渐渐枯死了，人们便在园中建造了古五松园，纪念这五棵古松。在存留下来的"古五松园"匾额下，还有绢质五松联屏一幅。

　　清乾隆皇帝，也曾先后六游狮子林，赐"镜智圆照""画禅寺"及"真趣"等匾额。

　　据说，也正是因为乾隆来到狮子林游玩，才使本来是狮林寺后花园的狮子林，从寺庙分离

了出来，成为了私人园林。

据说1711年至1799年，苏州狮子林附近出了个状元叫黄熙，他从小就喜欢到狮子林玩。黄熙小时候，寺内的方丈见他聪明伶俐，也很喜欢他，便和他开玩笑说："你不是很喜欢这座花园吗？那你要好好读书，将来中了状元，我就把这座花园送给你！"

言者无心，听者有意，黄熙便一直记着这件事，发奋学习，后来果然考中了状元。但那个老和尚对于送花园的事却忘得一干二净了。

就在这时候，乾隆皇帝下江南，来到了苏州，听说城北有座出名的狮林寺，寺庙后花园的假山堆得曲曲弯弯，很是出奇，便叫地方官陪着到狮林寺游玩。

方丈听说皇上要驾到，一时慌了手脚，不知如何接驾。老方丈急中生智，想起了黄熙，觉得黄熙书读得多，口才好，又见过世面，让他过来接待龙驾，准不会出差错。

主意已定，老方丈叫小和尚请黄熙过来。黄熙到了寺里，老方丈说尽好话，把接驾的事托付给他，黄熙满口应承下来。

过了没多久，只听得鸣锣开道，乾隆皇帝驾到。黄熙和方丈带着那帮小和尚，都俯首贴地跪在了山门接驾。

乾隆一下轿，黄熙就高呼万岁，赶上去恭恭敬敬地带路。穿过弯弯曲曲的几处殿宇走廊，把乾隆引进了后花园。

乾隆见园中的假山，堆得有的像大狮子，有的像小狮子，有的像公狮，有的像母狮，有的像狮子滚绣球，有的像双狮在嬉闹，真是千变万化。

这假山还有许多好听的名字，比如含晖、吐月、春玉和昂霄等，最高的一层假山叫狮子峰。

黄熙对狮子林特别熟悉，向皇帝介绍起来，倒也十分生动。乾隆越听越高兴，连连点头，还兴致勃勃钻进了假山。

那狮子林的假山设计得也巧妙，钻到里面就像走进深山，半天也绕不出来。好比诸葛亮摆下的八卦图，奥妙无穷。

乾隆进来后发现，园

里的树木疏疏密密，连枝交柯，也非常秀丽。一池清水，游鱼历历可数。所见景致无处不精，无处不秀。乾隆越看越有趣。

穿过假山，乾隆在一个亭子里坐下来，便问亭子叫什么名字？黄熙知道机会来了，连忙回禀道："这个亭子尚未取名，请圣上为它起个名字吧！"

乾隆是喜欢到处题名留字的人，黄熙的话正中心头，不觉得心里一热，手头发痒，叫手下人取来了文房四宝。他想了好久，搜肠刮肚的也难下笔，一着急，就胡乱写下了"真有趣"三个字。

黄熙在一旁看着，见圣上题出这样粗俗、不伦不类的字句，将来挂了出去，岂不是要被人笑话吗？他灵机一动，上前奏道：

臣见圣上御题，笔笔铁划银钩，字字龙飞凤舞，其中这个"有"字更是百媚千态，臣冒昧该死，望圣上将个"有"字赐给小臣吧！

皇上题了"真有趣"三字，自己想想也有点俗气，正想改一改，听黄熙一说，去掉这个"有"字，剩下"真趣"，倒也风雅，就点头应允了，并在"有"字旁题了"御赐黄熙有"一行小字。

命令侍从当场就裁了下来，赏给黄熙，把"真趣"两字留下来，作为那座亭子的匾额。从此，那座亭子就叫作"真趣亭"了。

黄熙得到了这个御书的"有"字，心中暗自高兴。乾隆走后，他就把这个"有"字贴在了园门上，马上叫家人搬家，把家私都搬到园里来。

狮林寺的方丈十分奇怪，拦住黄熙问道："你怎么把家私搬到园子里来啦？"

黄熙两眼一瞪，说："'御赐黄熙有'这几个大字你还没看见吗？你是有意要违抗圣命？"

方丈一看，全明白了，是中了黄熙的计了，真是哑巴吃黄连，有

苦说不出。从这儿以后，这个花园就同狮林寺分了家，就成黄家的私家花园了，而那真趣亭的名字也就流传了下来。

1771年，黄熙精修府第，重整庭院，改名为"五松园"。至清光绪中叶黄氏家道衰败，园子就荒废了，唯有假山存留了下来。

知识点滴

　　1757年乾隆皇帝第二次南巡来到苏州，他取来狮子林图展卷对照着观赏狮子林，非常欣赏狮子林内的狮子假山的美景，于是赐匾"镜智圆照"于狮林寺，双题五言诗《游狮子林》。

　　后来黄氏为了显示皇帝临幸狮子林的荣耀，将这首诗刻碑立石，留念后人，并建造了御碑亭，为园中古迹之一。

　　后来，御碑亭和石碑都被毁废了，存留下来的碑文乃是后来按原有断碑拓片重刻，只有碑座、碑顶为旧物。

西部假山及建筑胜景

1917年，商人贝润生购得此园林，用了将近七年的时间整修，新增了部分景点，建造了西部假山，俗称土山。并且，贝润生还恢复了"狮子林"旧名，狮子林一时名冠苏州。

贝润生在园中植花木、浚水池，增建燕誉堂、小方厅、九狮峰等建筑。燕誉堂位于门厅的北方，燕誉堂的意思也就是宴请宾客的安乐之所。

再往北，便是小方厅。小方厅东西两侧墙上有呈矩形的砖细月洞，东窗外是素心腊梅，西窗外是假

山和林木。

以窗洞、门洞为画框，观赏外面景色，称为框景。两幅"框景"，如两幅山水画，尽现造园主人的匠心，意境深远。

出小方厅即见厅园中的九狮峰。此峰由太湖石堆砌而成，为狮子林众多湖石峰的代表之一，气势雄伟，涡洞纵横，玲珑奇特，妙趣横生。因有拟态的九头狮子造型而得名。

峰石粉墙衬托，勾勒出峰石清晰的轮廓，左侧有次峰相配，翠竹摇曳，更显出峰石的奇曲高峻，变幻莫测。

不仅如此，园中还有许多碑刻也非常有名。在园的周围环有长廊，长廊上置有"文天祥诗碑"等碑刻71块。

文天祥碑亭位于园林的南边，立雪堂的西侧，亦名正气亭。亭内碑刻是文天祥狂草手迹《梅花诗》：

静虚群动息，身雅一心清。

春色凭谁记，梅花插座瓶。

文天祥碑亭再往西为扇亭。扇亭是外形像折扇扇面的小亭。亭中有扇形的月洞、吴王靠和石台。置身其中，可饱览园景。

除此之外，贝润生还建了湖心亭、九曲桥、石舫、花篮厅、见山楼、人工瀑布等建筑。

湖心亭位于湖中央，故有此名。从亭中西望有瀑布飞泉，瀑布共分五叠，跌入飞涧，故湖心亭中悬挂着"观瀑"匾额。

湖心亭是观瀑的最佳位置，故又名"观瀑亭"。湖心亭与连接亭的九曲桥和南面的拱桥一平一拱、一曲一直、一轻一重，形成了鲜明的对比。

石舫即旱船，人称"不系舟"。石舫中、后舱均为两层，四周共安有86扇和合窗。在江南园林里，往往有石舫点缀其中，暗示园主高

洁、脱离尘世、浪迹江湖之意。石舫上书对联：

柳絮池塘春暖；
藕花风露宵凉。

暗香疏影楼位于石舫的北侧，取"疏影横斜水清浅，暗香浮动月黄昏"的诗意得名。楼依湖而建，一层为通道。上楼南面可欣赏到园景大部，与问梅阁、五叠瀑布、听涛亭及400年的古银杏树组成园西部景区，古朴而幽静。

花篮厅面水而筑，前有平台。门前有一巨幅屏门，上刻《松寿图》，图中有松、竹、兰、芝。画上有匾额，上书"水殿风来"，两边有对联：

尘世阅沧桑，向昔年翠辇经过，石不能言，叠嶂奇峰还似旧；
清谈祗风月，于此地碧筹酣饮，花应解语，凌波出水其争妍。

屏前有琴桌，桌旁两边各有落地花瓶，瓶高有一米多。厅南有14扇落地长窗，各刻有唐诗一首。厅北有六扇长窗均刻有山水人物故事。厅内步柱不落地，柱端雕刻成花篮形状及梅、兰、竹和菊。

厅中间设屏门四扇，南刻松寿图，北雕东汉末年哲学家、政论家仲长统的《乐志论》。花篮厅为夏天赏荷的好地方。

紧挨着花篮厅的东侧便是见山楼。见山楼为两层小楼，倚山临水而建，此处可尽览园内山水佳景。见山楼则倚山临水而建，为两层建筑，在此处可尽览园内山水佳景。

见山楼的大小仅有指柏轩的十分之一，主要是为了突出指柏轩的高大，并且不与假山争高低。在飞瀑亭南侧，便是问梅阁。问梅阁名字出自禅宗公案，是西部园景的主体建筑。它构筑于土山之上，阁前遍植梅树。

整个狮子林中水景丰富，溪涧泉流，迂回于洞壑峰峦之间，隐约于林木之中，藏尾于山石洞穴，变幻幽深，曲折丰富。林中水体聚中有分。聚合型的主体水池中心有亭伫立，曲桥连亭，似分似合，水中红鳞跃波，翠柳拂水，云影浮动。

水源的处理更是别具一格，在园西假山深处，山石作悬崖

状。一股清泉经湖石三叠，奔泻而下，如琴鸣山谷、清脆悦耳，形成了苏州古典园林引人瞩目的人造瀑布。

狮子林的假山是我国园林大规模假山的仅存者，具有重要的历史价值和艺术价值。狮子林假山群峰起伏，气势雄浑，奇峰怪石，玲珑剔透。假山群共有九条路线，21个洞口。

横向极尽迂回曲折，竖向则力求回环起伏。穿洞左右盘旋，时而登峰巅，时而沉落谷底，仰观满目叠嶂，俯视则四面坡差，如入深山峻岭。

洞穴诡谲，忽而开朗，忽而幽深，蹬道参差，或平缓，或险隘，给游人带来一种恍惚迷离的神秘趣味。

狮子林虽缀山不高，但洞壑盘旋，嵌空奇绝；虽凿池不深，但回环曲折，层次深奥，飞瀑流泉隐没于花木扶疏之中，古树名木令人叫绝，厅堂楼阁更是精巧细致，是当时著名的园林。

知识点滴

问梅阁旁是人工瀑布。这个人工瀑布的建造在苏州古典园林建造史上未曾见过，而且瀑布的假山堆叠在近代假山作品中堪称一流。

假山用石色泽一致，纹理走向自然天成，勾、挂、嵌堆叠手法细腻。从山涧顶端至湖面落差将近10米，山涧平均宽度仅为3米。

山涧中形成五个梯级，当泉水从天而降时，湍急的水流，潺潺的水声，危岩似的涧山，两旁摇曳的绿树，再加上五叠泉在这里栩栩如生。西部假山艺术价值在此处得到升华。

拙政园

　　拙政园位于苏州东北街，它的面积达5.6万平方米，是苏州园林中面积最大的古典山水园林，也是江南园林的代表。

　　拙政园始建于明代。这个大观园式的古典豪华园林，以其布局的山岛、竹坞、松岗和曲水之趣著称。整个园林竹树野郁、山水弥漫，近乎自然风光，充满浓郁的天然野趣，被誉为"天下园林之典范"。

　　拙政园与承德避暑山庄、留园、北京颐和园齐名，被称为"我国四大名园之首"。

诗画隐喻中的明代建筑

　　1505年至1521年的明代，御史王献臣因官场失意而还乡苏州，购地修建了一个园林，取晋代文学家潘岳《闲居赋》中"灌园鬻蔬，以供朝夕之膳……此亦拙者之为政也"之意，名为"拙政园"。

　　据史籍上记载，王献臣曾委托画家文徵明做最早的设计，并存文徵明的画作《拙政园三十一景图》及手记《王氏拙政园记》和《拙政园咏》传世，比较完整地勾画出园林的面貌和风格。

　　根据文徵明在《王氏拙政园记》中的描述。一开始建造此园时，文徵明就发觉这块地并

不太适合盖相当多建筑，因为这块土地地质松软，积水弥漫，而且湿气很重。

因此，文徵明以水为主体，辅以植栽，因地制宜设计出了各个景点，并将诗画中的隐喻套进人们的视觉层次中。

园中后来一直留有许多文徵明的对联与诗，其中以"梧竹幽居亭"中的"爽借清风明借月，动观流水静观山"最能代表此园的意境。

此外，园中所栽种的紫藤相传是文徵明亲手种植。由此可看出文徵明相当喜爱植物，并且，园中超过一半的景色都与植物和或植物本身的涵意有关。

当时刚刚建成的拙政园，规模宏大，园内多隙地，中亘积水，浚沼成池，池广林茂，有倚玉轩等建筑。

倚玉轩又称南轩，位于远香堂西侧临池，是四周带廊的三开间小

轩，主向朝西，与旱船香洲隔水相望。步下三级石阶向北，即是兰曲平桥，向南有游廊，通向小飞虹廊桥。

这一带曲廊弯环回转，形成一曲尺形的小庭院，院内原先植青竹数十竿，青竹在诗人笔下有碧玉之美称。成园之初，文徵明《拙政园图咏》中曾有"倚槛碧玉万竿长"之句，轩之得名亦源自此。

小轩东廊直接主厅北边的大月台，与之成犄角之势，是拙政园中部名景之一。

清代的学者曲园居士俞樾当年游园后曾为园主人题写小篆"听香深处"四个字，额悬于轩西向廊内，并评说：

> 吴下名园以拙政园为最，其南一小轩，花光四照，水石俱香，尤为园中胜处。

后来，此匾遗失。小轩在建筑上也颇有特色。为了方便赏景，共有三个出口，除西向主门外，南向、东向的轩廊上均有出入口，堪称处处邻虚。屋顶为歇山构造，曲线优美，歇山山花探入水面，从对岸山岛看来，其倒影上下相衔，分外姣好。

王献臣所建的整个园林竹树野郁，山水弥漫，近乎自然风光，充满浓郁的天然野趣。王献臣死后，其子将园卖给了徐佳。徐佳是紫芝园主徐封之弟，也是另一名园"东园"主人徐泰时的堂叔父。

拙政园被徐佳所得后，徐佳以己意增损其中的建筑和布局，使园林失去了原本的意蕴。此后，徐氏家族在拙政园居住长达百余年之久。后来，徐氏家族衰落，拙政园也逐渐荒废了。

到了1631年，已破落近30年并荡为丘墟的拙政园东部园林为刑部侍郎王心一购得。王心一善画山水，他购买到这片土地后，开始悉心经营，布置丘壑，在1635年落成，取名为"归园田居"，从此，拙政园便成为了两个相对独立的园林。

王心一所设计的"归园田居"大致位于存留下来的拙政园东园。园的入口设在南端，经门廊、前院，穿过兰雪堂，即可进入园内。

据史料记载，当时东园中为涵青池，池北为主要建筑兰雪堂，周围以桂、梅、竹屏之。

兰雪堂是拙政园东部的主要厅堂，堂名取意于李白"独立天地间，清风洒兰雪"的诗句。

据园主王心一《归园田居》记载，最初的兰雪堂为五楹草堂，东西桂树为屏，其后则有山如幅，纵横皆种梅花。梅之外有竹，竹临僧舍，旦暮梵声，时从竹中来，环境幽僻。

堂前两棵白皮松苍劲古拙，墙边修竹苍翠欲滴，湖石玲珑，绿草夹径，东西院墙相连。

存留下来的兰雪堂为三开间，坐北朝南，"兰雪堂"匾额高挂，长窗落地，堂正中有屏门相隔。屏门南面为一幅漆雕《拙政园全景图》，北面为《翠竹图》，全部采用苏州传统的漆雕工艺，屏门两边的隔扇裙板上刻有人物山水。

涵青池池南及池左，有缀云峰和联璧峰。山峰高耸在绿树竹荫中，山西北双峰并立，取名"联璧"。

缀云峰的形态自下而上逐渐壮大，其巅尤伟，如云状，岿然独立，旁无支撑，此峰苔藓斑驳，藤蔓纷披，不乏古意。

峰下有洞，为"小桃源"。步游入洞，如渔郎入桃源，桑麻鸡犬，别成世界。

芙蓉榭建于水边，屋顶为卷棚歇山顶，四角飞翘，一半建在岸上，一半伸向水面，灵空架于水波上，伫立水边，秀美倩巧。

拙政园的芙蓉榭面临广池，池水清清，是夏日赏荷的好地方。漫步芙蓉榭，凭栏四顾，可见满池青翠，粉黛出水，风流丽质似亭亭玉立的仙子在碧波中美目流盼，微风骤起，掀起一片绿浪，送来阵阵荷香，意境非常优美。

放眼亭为拙政园东部的最高点。登放眼亭，远可望园外闹市，近

可观园内山水楼台。在园主王心一的《归园田居》中有这样的描述：

> 渡涧盘旋而上，是为紫逻山，以言其石之色也。上有五峰，曰紫盖，曰明霞，曰赤笋，曰含华，曰半莲，又谓之五峰山，有亭曰放眼。

这样的文字像图解说明，如数家珍。虽然文中的五峰早已消失，而放眼亭一直浮在山顶，像一面不倒的旗帜。

东园西北土阜上是由黑松、枫树和杨树组成的树林，林西为秫香馆。秫香馆原为秫香楼，秫香楼早已颓圮，存留下来的秫香馆成了园林的茶室。

秫香馆为单檐歇山顶结构，其面阔五间。屋柱都移在外部，形成围廊，两侧有短窗，前后正中设落地长窗。

馆内落地长窗裙板及夹堂板上，刻有48幅黄杨木戏文浮雕。图案为明代风格，有"状元及第""洞房花烛"等场景，还有《西厢记》

中的 "张生跳墙会莺莺" "莺莺拜月" "拷红" 和 "长亭送别" 等，雕镂精细，层次丰富，栩栩如生。西面有一道依墙的复廊，上有漏窗透景，又以洞门数处与中区相通。

拙政园最早的设计者文徵明是明代著名山水画家,"吴门画派"的领袖,他在我国山水画史上具有重要的影响。

在文氏的山水画作品中,以园林为题材的创作占有很大比重,这与明代苏州园林文化的影响以及文氏个人以"造化为师"的艺术创作思想不无关系。

在文徵明的园林题材绘画作品中,《拙政园三十一景图》堪称精品。在这幅图册中，对当时拙政园中的各个景点进行了非常细致的刻画，画后均题诗一首，与所画内容相得益彰。

图册中的拙政园以水景为主,园内建筑稀疏,是一座茂树曲池,接近天然风光的自然园林。

分家后复园的山水美景

　　1648年，当时拙政园主园的园主为徐佳第五代后人，他将拙政园卖给了清代大学士陈之遴。之后，陈之遴重新修葺了拙政园。

　　与陈之遴为儿女亲家的吴伟业在他的诗作《咏拙政园山茶花》中

赞道：

> 有宝珠山茶三四株，交柯合理，得势争高，每花时，钜
> 丽鲜妍，纷被照瞩，为江南所仅见。

并在诗中赞美道：

> 艳如天孙织云锦，赪如姹女烧丹砂，
> 吐如珊瑚缀火齐，映如蟛蟢凌朝霞。

后来陈之遴获罪被谪至辽东，1662年，拙政园被没收为官产。后来，拙政园又被还予了陈之遴家。陈之遴之子又将园林卖给了王永宁。

王永宁购得拙政园后，开始大兴土木，易置丘壑。经过此次大修

后，拙政园的面貌与文徵明的图记中所述已大不相同。

重建后，园内有斑竹厅和娘娘厅，为王永宁居处。又有楠木厅，列柱100多根，石础直径达1米左右，高齐人腰，柱础所刻皆升龙。还有白玉龙凤鼓墩，都是珍贵的宝物。

当时，王永宁常在园内举行盛宴，令家姬演剧，时人有"素娥几队出银屏，十斛珍珠满地倾"之句。后来，王永宁因故身亡，家产被没收，雕龙柱及楠木柱等尽被运送到京师，拙政园便颓圮衰败了。

1679年，拙政园改为苏松常道新署，当时的参议祖泽深将园修葺一新，增置堂三楹。

1684年，康熙帝南巡曾来此园，同年编成的《长洲县志》中写道：

廿年来数易主，虽增葺壮丽，无复昔时山林雅致矣。

　　拙政园自苏松常道署裁撤后，开始逐渐散为民居，先由王皋闻、顾璧斗两富室购得，后总戎严公伟亦居于此。

　　在1736年左右，拙政园又被分为中部的"复园"和西部的"书园"两部分，再加上早已分离出去的东部"归园田居"，最初浑然一体、统一规划的拙政园，演变为相互分离、自成格局的三个园林了。

　　此时，中部的复园归蒋棨所有。当时园内荒凉满目，经过蒋氏多年经营，才逐渐恢复了原来的规模。"复园"面积为10000多平方米，其中水面占三分之一，为全园精华之所在，虽历经变迁，但园林的布局基本上延续了明代的格局。

　　"复园"中水面有分有聚，临水建筑形体各不相同，楼台亭榭位置参差错落。

　　从《拙政园图》和《八旗奉直会馆图》中可以看到，曾经的海棠春坞、听雨轩、玲戏馆、枇杷园和小飞虹、小沧浪、听松风处、香

洲、玉兰堂等庭院，与存留下来的拙政园中部建筑毫无二致。

　　远香堂是"复园"的主体建筑。远香堂主厅为宴饮宾客之所，四面长窗通透，可环览园中景色。

　　厅北有临池平台，池中有东西两座假山。西山上有雪香云蔚亭。亭子上与远香堂正对的两根柱子上挂有文徵明手书的对联：

　　　　　　　蝉噪林愈静；

　　　　　　　鸟鸣山更幽。

　　亭的中央是元代诗人倪瓒所书的"山花野鸟之间"题额，东山上有待霜亭。在两座山之间以溪桥相连接，山上到处都是花草树木，岸边则有众多的灌木，使得这里一片生机。

远香堂的东面，有一座小山，小山上有"绿绮亭""枇杷园"、"玲珑馆""嘉实亭""听雨轩""梧竹幽居"和"海棠春坞"等众多建筑。

听雨轩在远香堂的东南方，与周围的建筑用曲廊相接。轩前有一泓清水，水内植有荷花。池边有芭蕉、翠竹，轩后也种植一丛芭蕉，前后相映。

这里芭蕉、翠竹、荷叶都有，无论春夏秋冬，雨点落在不同的植物上，加上听雨人的心境各异，就能听到各具情趣的雨声。因此，多少年来，在这里听雨的人们，都会感到境界绝妙，别有韵味。

荷风四面亭位于远香堂北方，亭建于水池中央，亭的西面有一座曲桥通向柳荫路曲。在这里转向北方可以见到见山楼。

见山楼是一座江南风格的民居式楼房，重檐卷棚，歇山顶，坡度平缓，粉墙黛瓦，色彩淡雅，楼上的明瓦窗，保持了古朴之风。

　　见山楼三面环水，一侧傍山，底层被称作"藕香榭"，沿水的外廊设吴王靠，小憩时凭靠可近观游鱼，中赏荷花，远则园内诸景如画一般地在眼前缓缓展开。

　　从西部可通过平坦的廊桥进入底层，而上楼则要经过爬山廊或假山石级。上层为见山楼，陶渊明有"采菊东篱下，悠然见南山"的名句。

　　古代，苏州城中没有高楼大厦，登此楼望远，可尽览郊外山色，故而得名。见山楼高而不危，耸而平稳，与周围的景物构成均衡的图画。此楼高敞，可将中园美景尽收眼底。春季满园新翠，姹紫嫣红。夏日熏风徐来，荷香阵阵。秋天池畔芦花迎风，寒意萧瑟。冬时满屋暖阳，雪景宜人。

　　在远香楼的西边，便是小飞虹。小飞虹的形制很特别，是苏州园林中唯一的廊桥。取南朝宋鲍照《白云》诗"飞虹眺秦河，泛雾弄轻弦"之意，取名小飞虹。"虹"指雨过天晴后横跨大地的一架绚丽的彩桥，古人以虹喻桥，用意绝妙。

小飞虹桥体为三跨石梁，微微拱起，呈八字形。桥面两侧设有万字护栏，三间八柱，覆盖廊屋。檐枋下饰以倒挂楣子，桥两端与曲廊相连，是一座精美的廊桥。小飞虹朱红色桥栏倒映水中，水波粼粼，宛若飞虹。

小飞虹的南面有小沧浪水阁。"小沧浪"取自北宋苏舜钦所筑的"沧浪亭"，寓意遁世归隐。小沧浪阁面阔三间，南窗北槛，两面临水，外形十分别致，似房非房，似船非船，似桥非桥，完全是架在水面上的一座水阁。

水阁横跨池上，将水面再度划分，把到此结束的中园水尾营造得貌似绵延不断，艺术手法高超。亭廊围绕，构成开敞的幽静水院。

从前苏州古城文人雅士、官宦人家众多，无论是华屋巨宅还是一

般住房，都特别注意小空间的修饰，这小空间就是庭院，而水庭院则是这绝无仅有的小沧浪。

一方面，它体现了江南水乡风情，另一方面，因水造景，院落内外互相借景而构建了一个特别清凉的环境。

小飞虹的北面是香洲。香洲为舫式结构，有两层舱楼，通体高雅而洒脱，其身姿倒映水中，更显得纤丽而雅洁。香洲之名寄托了文人的理想与情操。香洲，用的是屈原笔下"芳洲"的典故。

《楚辞》中有"采芳洲兮杜若，将以遗兮下女"的句子。古时人们常以香草比喻清高之士，此处以荷花景观来寓意香草，也很得体。

在我国古典园林众多的石舫中，拙政园香洲大概称得上是造型最为美观的一个。船头是台，前舱是亭，中舱为榭，船尾是阁，阁上起楼，线条柔和起伏，比例大小得当，使人想起古时苏州、杭州、扬州一带山温水软、画舫如云的景象。

香洲位于水边，正当东、西水流和南北向河道的交汇处，三面环水，一面依岸，由三块石条所组成的跳板登船。站在船头，波起涟漪，四周开敞明亮，满园秀色，令人神清气爽。烈日酷暑，此地却荷风阵阵，举目清凉。

香洲船头上悬有文徵明写的题额，后人还专门为之题跋。香洲这条旱船，建筑手法典雅精巧，引人入胜，使人感到一种对高洁人格的追寻。

松风水阁位于远香堂的西南边，又名"听松风处"，是看松听涛之处。松、竹和梅在我国传统文化中被称作"岁寒三友"。

松树经寒不凋，四季常青，古人将之喻为有高尚的道德情操者。并且，松之苍劲古拙的姿态常被画入图中，是我国园林的主要树种之一。有风拂过，松风水阁外，松枝摇动，松涛作响，色声皆备，是别有风味的一处景观。

再往西，便是玉兰堂。玉兰堂曾名"笔花堂"，与文徵明故居中的"笔花堂"同名，梦笔生花是古代文人对创作灵感的追寻，将此处

取名笔花堂表明这里是园主进行创作的地方。玉兰堂的南墙高耸，好似画纸，墙上藤草作画，墙下筑有花坛，植天竺和竹丛，配湖石数峰，玉兰和桂花，色、香宜人。

蒋氏拥有复园70余年之后，终于易主。1809年，刑部郎中查世倓购得此园，当时园子已经池堙石颓了，经过查氏不断修缮，复园面貌才焕然一新。

复园的海棠春坞，位于听雨轩的北边，是一个独立小院，造型别致的书卷式砖额嵌于院之南墙。院内海棠两株，初春时分万花似锦，娇羞如小家碧玉，秀姿艳质。

庭院地面为青红白三色鹅卵石镶嵌而成的海棠花纹，与海棠花相呼应。海棠春坞的庭院虽小，清静幽雅，是读书休憩的理想之所。

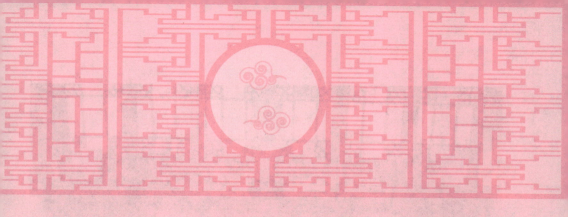

西部园林的建筑胜景

　　1736年，拙政园西部的"书园"其主人是太史叶士宽。存留下来的"书园"中有拥书阁、读书轩、行书廊和浇书亭诸古迹，都是由叶士宽所筑的。

　　书园后来又归道员沈元振，园中宅第为太常博士汪美基所居，后

来又分属程、赵、汪等姓。

1877年，富贾张履谦接手此园，把拙政园的西部园林，改名为"补园"。张履谦大举装修了相当多细致部分，存留下来的拙政园西部园林，便形成于张履谦接手时期。

"补园"面积为8000多平方米，该园以池水为中心，有曲折水面和中区大池相接。"补园"中有三十六鸳鸯馆、留听阁、塔影亭、浮翠阁、与谁同坐轩、笠亭、宜两亭和倒影楼等建筑。

三十六鸳鸯馆是"补园"的主体建筑，方形平面带四耳室，厅内以隔扇和挂落划分为南北两部，精美华丽，南部叫"十八曼陀罗花馆"，北部叫"三十六鸳鸯馆"，夏日用以观看北池中的荷蕖水禽，冬季则可欣赏南院的假山、茶花。

一座建筑同时有两个名字，这是古建筑中的一种鸳鸯厅形式，以屏风、罩、纱槅将一座大厅分为两部，梁架一面用扁料，一面用圆料，似两进厅堂合并而成，其作用是南半部宜于冬、春，北半部宜于夏、秋。

鸳鸯厅面阔三间，外观为硬山顶，平面呈方形，四隅均建有四角攒尖的精巧耳房，又叫暖阁。北半部挑出于水面，由八根石柱撑住馆体架于池上。

馆之中央的银杏木雕玻璃屏将大厅一隔为二。北厅临清池，夏、秋时推窗可见荷池中芙蕖浮动，鸳鸯戏水，东汉时大将军霍光"园中凿大池，植五色睡莲，养鸳鸯36对，望之灿若披锦"，馆名取其意。匾额为清代苏州状元洪钧题写。

南厅是十八曼陀罗花馆，宜于冬、春居处，厅南向阳，小院围墙既挡风又聚暖，并使室内有适量的阳光照射。

曼陀罗花即山茶花。清代末年，张履谦建此馆时曾栽种18株名贵的山茶花，冬季百花凋零，山茶却如傲雪的腊梅嫣红斗雪，"树头万朵齐吞火，残雪烧红半个天。"表现出蓬勃的生命力，展示着独特的美。

此馆匾额是晚清苏州的另一个状元陆润庠所题。陆状元和洪状元在苏州话里洪、陆谐音红、绿。这一洪一陆同邑两状元，为同一建筑写匾额，为厅堂增色不少。

三十六鸳鸯馆内顶棚采用连续四卷的拱形状，既弯曲美观，遮掩顶上梁架，又利用这弧形屋顶来反射声音，增强音响效果，使得余音袅袅，绕梁萦回。

主人在此宴友、会客、休憩，环境优雅，在厅中铺就一方红氍毹，吹笛弄箫，吟歌唱曲。陈设古色古香，书画挂屏，家具摆设配置精当。

留听阁位于三十六鸳鸯馆的北方，为单层阁，体型轻巧，四周开窗，阁前置平台。从整体外形看，留听阁是一个抽象化的船厅，厅前平台如船头。左侧池塘中种满了荷花，荷花生长期间其叶、蕾、花和果皆有姿有态。

阁内有松、竹、梅和鹊的清代银杏木立体雕刻，将"岁寒三友"和"喜鹊登梅"两种图案融和在一起，接缝处不留痕迹，浑然天成，是园林不可多得的精品。

从春末夏初池面冒出点点绿意，到盛夏时节的满池华盖，直至秋意浓浓的枯叶残花，每一个阶段都有其独到的美。

有道是花无百日红，再美的鲜花最终也是零落成泥碾作尘，残花败叶的凄凉晚景总让人不忍目睹，唯独这里的枯荷却别有一种残缺美的意境。

唐代诗人李商隐有"留得残荷听雨声"的名句，留听阁就是取此诗意而名。

在留听阁，回望南边的塔影亭，顿觉美妙之至。攒尖的八角亭映入水中，宛如宝塔，端庄怡然，为西部花园中一个别致的景观。

塔影亭所处的位置并不显眼，已到了花园的尽头。园主在水源将

尽处筑了一个小亭，使整个园林的美景到这里结束却不觉得突兀。更妙的是，不光有亭，还有影，就如曲终余韵不绝，扩展了人们的想象空间。

在塔影亭的东北方为扇面亭"与谁同坐轩"。与谁同坐轩是"补园"中的一个小亭，造型小巧玲珑，非常别致，修成折扇状。苏轼有词"与谁同坐？明月、清风、我"，故名"与谁同坐轩"。

轩依水而建，平面形状为扇形，屋面、轩门、窗洞、石桌、石凳及轩顶、灯罩、墙上匾额和半栏均成扇面状，故又称作"扇亭"。

轩内扇形窗洞两旁悬挂着杜甫的诗句联"江山如有待，花柳自无私。"扇亭地处山麓水边，地理位置甚佳，树高而雄，石幢静立，人在轩中，无论是倚门而望，凭栏远眺，还是依窗近视，小坐歇息，均可感到前后左右美景不断。

在与谁同坐轩后的土山上还有一小亭，称"笠亭"。亭作浑圆形，顶部坡度较平缓，恰如一顶箬帽，掩映于枝繁叶茂的草树中，摒

弃了一切装饰，朴素无华。山小亭微，搭配匀称，衬以亭前山水，俨然一个戴着斗笠的渔翁在垂钓，悠然自得。

　　与谁同坐轩和笠亭是两种不同的园林建筑艺术造型，也是在古典园林中较少见的象形建筑。亭轩结合，浑然一体。

　　笠亭山上有一座八角形双层建筑，高大气派，山上林木茂密，绿草如茵。远远望去好像建于浮动的翠绿浓荫之上，因而得名"浮翠阁"。登阁眺望四周，但见山清水绿，天高云淡，满园青翠，一派生机盎然，令人心旷神怡，乐不思返。

　　与谁同坐轩、笠亭和浮翠阁，地理位置依次是临水、山中和山巅，它们形态各异，大小不一，由低至高，循序渐进。

　　谁与同坐轩的北面为倒影楼。倒影楼以观赏水中倒影为主。楼分两层，楼下是"拜文揖沈之斋"，文是指文徵明，沈是指沈周，这两位均是苏州著名的画家，沈周还是文徵明的老师。

　　西园园主张履谦为表达自己对这二人的景仰之情，于1894年特建此楼以资纪念。同时，张履谦还将自己收藏的文徵明、沈周画像和

《王氏拙政园记》拓片，以及清代书法家俞粟庐的《补园记》石刻嵌在楼下左右两壁。

倒影楼的中间裙板上刻有郑板桥的书画真迹。面水的一侧于柱间安装通透玲珑的长窗，窗内有木质低栏。

倚栏而立，可凭水观景，左有波形长廊相伴，右有与谁同坐轩，这些景物的倒影如画，尽入眼中。再加上水底明月，池中云彩，波影浮动，景色绝佳。

在别有洞天靠左叠有假山一座。假山石径上有一座六角形的亭子立于山顶，这就是宜两亭。宜两亭与西北方的倒影楼互为对景。

从中花园观望西花园，从层层递进的景色展开后，宜两亭突出于廊脊之上，使整个中花园的景色变得绵延不尽，形成非常深远的景观空间，这是造园技巧上"邻借"的典型范例。

知识点滴

拙政园宜两亭的"宜两"出自一个有趣的故事。唐代白居易曾与元宗简结邻而居，院落中有高大的柳树探出围墙，可为两家共赏。

白居易写诗赞美道："明月好同三径夜，绿杨宜作两家春"，以此来比喻邻里间的和睦相处。

当年，拙政园的中园和西园分属两家所有，西园主人不建高楼，而改为堆山筑亭。西家可以在亭中观赏到他十分羡慕的中园景色，而中园主人在中园亦可眺望亭阁高耸的一番情趣，借亭入景，丰富景观。

一亭宜两家，添景更添情，就这样，一句好诗，一段佳话，造就了一个妙亭，一道风景。

苏州留园

　　留园位于苏州金阊门外，以园内建筑布置精巧、奇石众多而知名，是我国著名的古典园林。

　　留园占地20000多平方米，集住宅、祠堂、家庵、园林于一体，综合了江南造园艺术的精华，并以建筑结构见长，形成一组组层次丰富，错落相连的，有节奏、有色彩、有对比的空间体系。

　　留园在空间上的突出处理，充分体现了古代造园家的高超技艺、卓越智慧和江南园林特有的艺术风格和特色。

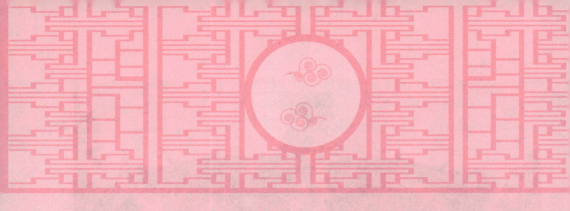

奇峰异石云集的美景

　　1593年，明太仆寺少卿徐泰时罢官归田后，在苏州金阊门外建造园林，名为东园，这就是留园的前身。徐氏园林中的简洁疏朗和自然野趣，反映了禅宗美学思想的超凡脱尘原则。徐泰时去世后，东园传及子孙，但是后来随着徐氏的没落，东园也逐渐衰落。清朝初期，东

园曾一度被废为踹布坊。相传当时也曾经被人重建，但屡屡易主，所以总是无法得到很好的重建。

1794年，刘恕成为了东园的主人。刘恕成为园主后，开始了对东园的修复和扩建，经过五年时间的努力，在1798年，东园的修复和扩建终于完成。

重修完成后，因园内竹色清寒，波光澄碧，又以其中多植白皮松，故名"寒碧庄"，又因为属于刘家所有，故又称"刘园"。

刘恕一向爱石，有人形容其是"千金一石不为痴"。在刘恕治园的20多年里，刘恕搜寻了玉女、箬帽、青芝等太湖石，称为"十二峰太湖奇石"，自号"一十二峰啸客"并撰文多篇，记载寻石经过，抒发仰石之情。同时，他还邀人绘画、题字、作记，然后移入园内。

印月、青芝和鸡冠三石位于濠濮亭曲溪楼前，三石都高不过3米。印月临水，石中有一天然涡孔，其倒影落在池中如一轮明月，刘恕曾经作诗描述道：

凌虚忽倒影，恍若月临川。

青芝的形状形如刘恕诗称"拟断白木鑱"，只是颜色万古长青，后来唯其顶上横加了一块湖石。

累黍石位于五峰仙馆北面，还读馆西面，当窗而立，高3米有余。累黍石上布满黄色结晶颗粒，可谓"累处直疑从黍谷"，和还读我书斋之名相得益彰。

狝猴和仙掌位于五峰仙馆北面庭院花径之上，仙掌居中，狝猴偏西，两石高两米左右。从五峰仙馆内朝北望之，狝猴峰如一老猿，抓首弄耳蹲立于白皮松下，身上毛发也依稀可辨，真有点"似戒飞腾学静观"的味道。

一云峰位于在明瑟楼南的假山中，石上镌有"一梯云"三字，其侧隐约可见"一云峰"三字，峰高丈余，屹立于假山石径旁，如云似帆。

箬帽倚立在冠云峰旁东侧，石高不过丈，石上部形如箬帽，故有此名。石背面镌有刘恕所题"箬帽峰"字。

可惜此峰曾折裂，人们用铁搭连之，暗合清代学者潘奕隽诗"不必低头效苦吟"之句，真是恰如其状，描绘得惟妙惟肖。

拂袖在东园一角，石上攀附凌霄一株，石高约一丈，其身拂出一角如古人袍袖，故有此名。清代学者潘奕隽有诗道：

介石心原不染尘，餐霞几岁学修真。
浮邱把袂还招手，同调应呼澹荡人。

玉女在"绿荫"西墙边，青枫下，石高不满丈，前临荷池，雾鬟风鬟，素裳曳地，亭亭玉立，如一美人，故有此名。

奎宿在曲溪楼前濠濮亭旁，石高两米余，貌不惊人。唯其形状与天上二十八星宿中的奎宿形状极为相似，故称奎宿。在最早的天文著作《石氏星经》中有关于奎宿的描写：

奎十六星，形如破鞋底，在紫垣后，传舍下。

刘恕还喜好书法名画，他将自己撰写的文章和古人几百方条石法帖，勒石嵌砌在园中廊壁。后来保存的书条石，基本是刘恕留下的。

刘恕还遍请当地名家，集各家之长，融会贯通，对东园故址改建，形成了独特的风格。

经过刘恕的重修，刘园虽然比东园增加了建筑，但仍不失深邃曲折幽静之趣。当时园林有内园、外园之分，内园即刘恕住宅部分，外园即园林部分。

刘园中建有古木交柯、还读馆、卷石山房、明瑟楼、绿荫、曲溪楼、掬月亭、含青楼、垂杨池馆、个中亭和半野草堂皇等。

古木交柯位于园林的东南方，是一个幽僻的小庭院。此处虽无奇峰秀石，但高墙下用素砖砌筑的花台上山茶怒放，柏枝凝翠，红绿相间，一派生机盎然的景象。

粉墙上嵌有"古木交柯"砖匾一方，但后来由于岁月的洗刷，旧题已久摩灭。存留下来的是后来盛康为园主时补书的，在题名的左边还有跋文：

此为园中十八景之一，旧题已久摩灭，爰补书以彰其迹。丁巳嘉平月，道苏郑思照识。

郑思照为盛康幕僚，在后来的1910年曾测绘《苏州留园全图》，补书时间为1917年。

在古木交柯的花台中原有古树两棵，一为古柏，一为耐冬，耐冬即为山茶一种。但是两树都已死亡，只是古柏虽死，但躯干还在。后来为正其名，又移栽了古柏和耐冬两棵，形成景观。两树交柯连理，红绿相交。

古木交柯花台虽为砖砌，但造型古朴典雅，别有风味。此处仅植两树、置一匾，就构成了一幅充满生趣、耐人寻味的图画。

这里运用了传统国画中最简练的手法，以墙作纸，化有为无，化实为虚，使整个空间显得干净利落、疏朗淡雅。

还读馆即存留下来的还我读书处，位于五峰仙馆的北侧。"还读馆"这个名称来自于晋代陶渊明的《读山海经》："既耕亦已种，时还读我书。"

还读我书斋所在的地方从前是书斋，刘恕建筑为楼，时称"还读馆"，后来盛康为园主时称"还读我书斋"。

卷石山房即存留下来的涵碧山房，位于古木交柯的西北方，东面紧靠明瑟楼。刘恕为园主时称"卷石山房"，后来盛康为园主时名"涵碧山房"。"涵碧山房"这个名称来自于宋朱熹诗"一水方涵碧，千林已变红"。

涵碧山房建筑面池，水清如碧，"涵碧"两字不仅指池水，同时也指周围山峦林木在池中的倒影，故借以为名。

涵碧山房建筑三间，因建筑前临荷池，故通常又称荷花厅，清代文学家俞樾《留园记》中的"凉台燠馆"即是指此。

"明瑟楼"这个名称来自于北魏时郦道元所著《水经注》中"目对鱼鸟，水木明瑟"之句。此处环境雅洁清新，有水木明瑟之感，故有此名。

明瑟楼为两层半间，卷棚单面歇山造，楼上三面置有明瓦和合窗，楼梯在外，用太湖石堆砌而成。梯边一峰屹立，上镌"一梯云"三字。

楼梯面东墙上，有明代著名书法家董其昌的"饱云"两字砖匾一块。

绿荫的建筑临水而筑，取元末诗人高启《葵花诗》中"艳发朱光里，丛依绿荫边"为名。轩南庭院墙上有石匾嵌于其上，有清代史学家钱大昕书"花步小筑"。绿荫建筑的西侧原有一株古枫，小轩笼罩在树荫下，故有此名。

曲溪楼也是临水而建，紧挨着濠濮亭，为两层单檐歇山式建筑。楼只有前半部分，下为过道，狭长，进深仅3米左右，南北长10多米。

掬月亭即存留下来的濠濮亭。濠濮亭为方形四角单檐歇山式建筑，其北挑出水面而筑。刘恕时称此亭为"掬月亭"。后来盛康为园主时名"濠濮想亭"，后易名濠濮亭。

含青楼即后来远翠阁，位于还我读书处的西边。 唐朝诗人方干有诗道：

前山含远翠，罗列在窗中。

诗与景符，故有此名。刘恕时曾名"空翠"，后改名"含青楼"，后来盛康时名"远翠阁"。远翠阁实质上为楼，其上三面都置有明瓦和合窗，两层，单檐歇山造。

从曲溪楼北行，有水榭名"清风池馆"。清风池馆的建筑为水轩形式，单檐歇山造。刘恕时称"垂杨池馆"，后来盛康时改名为清风池馆，昔署匾为"清风起兮池馆凉"。

清风池馆傍水池东侧而筑，开敞不设门窗，清风徐来，分外舒适。清风拂面，池水泛起粼粼碧波，池馆变得清凉爽人。这里有一副楹联为：

墙外春山横黛色；
门前流水带花香。

楹联的落款是："杨沂孙题留园清风池馆"。此为旧联借用，篆书。挂在清风池馆内，联语和环境相符。上联咏远借之景。黛色，就是深青色，是远山的天然美色。

下联咏近观之景，似轻柔明透的流水，还有醉人的花香。山水本是自然界中富有魅力的基本景观，联语还赋予它们以丰富的感情。"横"和"带"两字突现了山水之性格、神采，有妙造自然之趣。山水与人们的感情相交流，引起人们更美的遐思。

此处还有一副清代书法家杨沂孙作的楹联。楹联上写道：

松阴满石闲飞鹤；

潭影通云暗上龙。

楹联的上联咏景色之清幽。松枝虬干，浓阴泻地，奇石蔽日，而清新秀逸、体态翩翩的飞鹤悠闲地在池边活动。由于仙人骑鹤的神话故事广为流传，人们往往将鹤与神仙隐士连在一起，因此寻常之景被

寓超凡脱俗之趣。

下联咏水潭倒影之奇妙。楼台亭阁、绿树浓阴、白云、艳阳、松影，全都倒映入清潭，微风乍起，随波荡漾，美如神话中的水晶仙宫。这里"上龙"是指松影，将松树比作龙蛇或龙影在古代诗作当中运用十分广泛。

水光、树阴、闲云和飞鹤，虚实、静动交相辉映，使人们心灵愉悦，尘念烦忧尽去，富于佛家禅机悟趣。

个中亭即存留下来的可亭，位于涵碧山房的北边。在亭中南望，"涵碧山房"与"明瑟楼"形如一艘航船，停泊在水边。整组建筑打破了整齐划一的布局，给人既有变化而又美观自然的感受，体现了中国山水画法中主景偏右的传统手法。

可亭为六角，飞檐攒尖，刘恕时称"个中亭"，后来盛康时称"可亭"。可亭楹联可亭处有多副楹联，其一为：

园古逢秋好；

亭小得山多。

楹联的落款是："郑文源题留园可亭"。此外，郑文源的题联还有一处：

园林甲天下看吴下游人载酒携琴日涉总成彭泽趣；

潇洒满江南自济南到此疏泉叠石风光合读涪翁诗。

此联的落款是："郑文源题留园半野草堂"。

此联后来被悬挂于可亭。联中的彭泽指的是东晋文学家陶渊明，陶渊明曾任彭泽令，故世称"陶彭泽"。涪翁指的是北宋诗人黄庭

坚，黄庭坚曾被谪涪州，自号"涪翁"。

　　此联的上联赞美苏州园林之美、游人之盛、情趣之雅。联中所引用的陶渊明，表现出一种闲适高雅的生活情趣。下联叙作者行迹，咏疏泉叠石之美景。联语将园林山水之美和黄庭坚的写景诗并称，景美诗美，相得益彰，令人回味。

　　可亭处的楹联其三为：

水转桐溪约秋禊；

路寻花步赋春游。

　　楹联落款是："佚名题留园可亭"。

对联中的秋禊，是指古人于夏历七月十四日临水祓祭，以清除不详，称为"秋禊"。联中的花步亦称"花步小筑"。

可亭处的楹联其四为：

唯曰进德焉修学焉是在我尔；
从慈永安矣其乐矣盖有天乎。

楹联的落款是："俞樾题留园可亭"。俞樾是晚清著名文学家、教育家和书法家。他一生著述不倦，主要著述有《春在堂全书》《小浮梅闲话》《右台仙馆笔记》《茶香室杂钞》等。

俞樾曾经与留园主人盛康是好友，和盛康相比，俞樾在官场显得不是很得意，而他离开官场专心于学问却取得了巨大的成绩。在这副楹联中，人们能够看到一代国学大师修学、修德的崇高品质。

可亭处假山与"涵碧山房"中间仅一池相隔，形成南北对景。假山旁有古老银杏两棵，树冠相连，浓荫蔽日。

可亭处假山沿池呈东西走向，长36米，南北宽14米，高约4米。山间有石径二条，一条往上至可亭，一条沿池高低曲折至小蓬莱曲桥。

从1789年清代举人王学浩所绘园林图中能够看到，最初的假山为平冈小坡，上置茅亭一间，颇有山林风味。

后来，经刘恕修建，把其他废圃中搜罗来的零星湖石夹杂黄石掇叠于此，以造就池对面"卷石山房"相适称的景观。

留园书条石在苏州园林中数量是最多的，其中绝大部分为清嘉庆年间，刘恕为园主时从别处寻觅所得，还有一部分系园主家中的历代收藏。

留园的书条石品质也较为上乘，园内廊长壁多，为安置书条石创造了有利的条件。

其内容主要是介绍书法，法帖大都集自南派著名帖学诸家，从晋代的钟、王，至唐、宋、元、明、清共有100多位书家的珍品，包括历代名人法帖真迹和古旧拓本，由著名工匠勒之以石。

扬州个园

　　个园位于江苏扬州市东北隅盐阜东路，为清代两淮盐商商总黄至筠在明代"寿芝园"遗址上所建，为我国四大名园之一。

　　个园全园三纵三进，园中古树参天，珍卉丛生，随气候变化展现出不同的景色。因园主黄至筠爱竹，园中修竹万竿，且因竹叶形似"个"字，故名个园。

　　个园以竹石取胜，园中最负盛名的为笋石、湖石、黄石和宣石叠成的春夏秋冬四季假山，叠石艺术高超，以石斗奇，融造园法则和山水真理于一体，令人叹为观止，是我国江南私家园林的杰出代表。

著名的个园四季假山

　　1818年，两淮盐商商总黄至筠来到古城扬州，看到一处废弃的园子，经过打听得知，这个园子名叫"寿芝园"，为明代所建，相传寿

芝园中的叠石是中国画一代宗师石涛和尚的杰作，但荒废已久。

黄至筠得知后，经过多方努力，买下了这座废园，开始重新规划，建造园林。黄至筠爱竹，故在园中修竹万竿，且因竹叶形似"个"字，取名为个园。据扬州民间传说，当年园主人为求园名，花了不少银子，才得到了"个园"这个名字。

"个"最早的意思是"竹一竿"，想想这并不奇怪，汉字原本就是象形文字，"个"看上去不正是竹叶的形状吗？清代大才子、大诗人袁枚就曾经吟咏出"月映竹成千个字，霜高梅孕一身花"这样美丽绝伦的诗句。

并且，"个"字是由三笔组成的伞状造型，在我国传统观念里，象征着天时、地利、人和鼎立扶持，面面呵护，路路通达，这也是经商的人所祈盼的最高境界。

"个"字笔画中的三，还代表着多而全的意思，体现着福、禄、

寿三全其美的完满境界。所以，黄至筠就挑了这个名字为自己心爱的园林命名。

　　自然的、历史的、文化的、艺术的竹的美妙，融聚成了个园独有的文化积淀和美学趣味，以"个"名园，可谓深得竹景观的神韵。

　　个园是一处典型的私家住宅园林，内中景物布局紧凑，以叠石立意、气势雄伟而著称，尤以"四季假山"闻名于世。

　　传说，黄至筠为了防人偷盗个园中的假山，有的假山用白银浇铸，每座重达千斤，无人能拿走，所以在扬州人们也戏称个园的假山为"没奈何"。

　　从住宅进入园林，首先映入眼帘的是月洞形园门。门上石额书写"个园"两字，"个"者，竹叶之形，主人名"至筠"，"筠"亦借指竹，以为名"个园"，点明主题。园门两侧各种竹子，枝叶扶疏，"月映竹成千个字"，与门额相辉映。

白果峰穿插其间，如一根根苗壮的春笋。竹丛中，插植着石绿斑驳的石笋，以"寸石生情"之态，状出"雨后春笋"之意。

这幅别开生面的竹石图，运用惜墨如金的手法，点破"春山"主题，即"一段好春不忍藏，最是含情带雨竹"。同时还巧妙地传达了传统文化中的"惜春"理念，提醒游园的人们，春景虽好，短暂易逝，需要用心品赏加倍珍惜，才能获得大自然的妙理真趣。

透过春山后的园门和两旁典雅的一排巧妙地漏窗，又可瞥见园内景色，楼台、花树隐现其间，引人入胜。进入园门向西拐，是与春山相接的一大片竹林。竹林茂密、幽深，呈现生机勃勃的春天景象。

夏山位于园之西北，东与抱山楼相接。夏山叠石以青灰色太湖石为主，叠石似云翻雾卷之态，造园者利用太湖石凹凸不平和瘦、透、漏、皱的特性，叠石多而不乱，远观舒卷流畅，巧如云、奇如峰。

近视则玲珑剔透，似峰峦、似洞穴。山上古柏，枝叶葱郁，颇具

苍翠之感。山下有池塘，深入山腹，碧绿的池水将整座山体衬映得格外灵秀。

北阴处有一涓细流直落池塘，叮咚作响，池中游鱼嬉戏穿梭于睡莲之间，静中有动，极富情趣。池塘右侧有一曲桥直达夏山的洞穴，洞之幽深，颇具寒意，即使炎热的夏天，步入洞中顿觉清爽。

中空外奇、跌宕多姿的双峰夏山，是玲珑剔透的太湖石与高超叠石技艺完美结合的产物。我国国画里有"夏去多奇峰"的意境，夏山的主体部分，正是利用太湖石柔美飘逸的曲线和形姿多变的品质，垒出停云之势，模拟夏天气象。

在布景造境方面，夏山更是做足了文章。山上黄馨紫藤，繁花垂条；山下古树名木，蓊郁青葱；山间石室幽邃，石梁凌波；山顶流泉飞瀑，有亭翼然。

盘旋石阶而上，登至山顶，一棵紫藤迎面而立，使人悠游其间忘却了无尽的烦忧。个园夏山，可说是真切唯美地再现了典型环境中的江南山水。

抱山楼是座七楹长楼，巍然横跨夏秋两山之间，两山东西依楼而掇，有多条山径直通楼上，抱山楼在空间连接两山，楼前长廊如臂，拥抱两山于胸前，这是抱山楼得名的由来。抱山楼长廊，犹如凌空飞架的天桥，廊上漫步，不经意间就跨越了两个不同的季节。

沿抱山楼看秋山，有宾主、有掩映、有补缀、有补贴、有参差、有烘托，仿佛群山峻岭，山外有山，山势未了，仰视高处，山势绝险，突兀惊人。

在抱山楼上凭栏赏景，但见楼下梧桐蔽日，浓阴满阶，檐前芭蕉几丛，亭亭玉立，夏山青翠欲滴，秋山枫红霜白，无限风光，美不胜

收。楼下走廊的南墙上，镶嵌着清人刘凤浩撰写的《竹石记》刻石，专门留给想知晓个园来龙去脉者，"作壁上观"。

抱山楼前有匾上书"壶天自春"。"壶天自春"是取《个园记》中"以其目营心构之所得，不出户而壶天自春，尘马皆息"，其意是个园空间虽不及名山大川，但其景为世外桃源。

"壶天"最早是道教用语，出自历史学家范晔编撰的《后汉书》，不过私家园林多为壶状结构，有狭长的通道进入，里面豁然开阔，美不胜收，也算是人间仙境了。匾额下有对联，联道：

淮左古名都，记十里珠帘二分明月；
园林今胜地，看千竿寒翠四面烟岚。

此联连用"十里珠帘"和"二分明月"两个最具代表性的场景，将古扬州的繁华淋漓再现。下联状写当前，不忘紧扣个园竹景观特色，只用"千竿寒竹""四面烟岚"，把扬州的风物尽收囊中。楹联境界阔大，气势磅礴，对仗工稳，与抱山楼的建筑风格及其坐镇全园的统领地位十分吻合。

经过抱山楼的"一"字长廊，园之东部便是气势雄伟的秋山，相传出自清代大画家石涛之手笔。

秋山是全园的制高点，黄石山体拔地而起，峰峦起伏，有摩霄凌云、咫尺千里之势。无论何时登临眺望，都会使人顿生秋高气爽之感。

秋山整个山体分中、西、南三座，有"江南园林之最"的美誉。黄山石呈棕黄色，棱角分明，如刀劈斧砍。整座山体峻峭凌云，显得壮丽雄伟。

进入山腹，如入大山之中，险奇随处可见。中峰高耸奇险，下有石屋，可容十几人，内设石桌、石凳、石床，通风良好，四季干燥，

颇具生活意趣。

秋山之上，有崎岖蹬道上下盘旋，曲折辗转，构成了立体交通，忽壁忽崖，时洞时天。人在洞中，有光隐隐从石隙透入，照见洞顶用黄石倒悬营造出的垂垂钟乳，奇异而壮观。

走秋山蹬道，你一定要记住这个口诀，叫作"大不通小通，明不通暗通，直不通弯通"，它提醒人们，如果想超捷径，很可能就会误入歧途；要是不避凶险，反而能化险为夷。

秋山还藏有飞梁石室，内置石桌、石凳、石床，仿佛曾有人在此饮酒、对弈、躺卧、小憩。石室外则是一处小小院落，当年主人曾植碧桃一棵在院中花坛里，俨然成了一处深山洞府中的"世外桃源"。

沿腹道攀援而上，至山顶拂云亭，顿觉心胸开朗，满园佳境，尽收眼底，正所谓秋山宜登者也。尤其是夕阳西照，使整座山体撒上一层金辉，这时你才能领略造园者将此山面西的道理。秋山宜登，游走腾挪于尺幅之间，如历千山万壑，尽得攀登险趣。

住秋阁坐落在秋山南峰之上，山阁一体，朝夕与山光共舞，年年共秋色常住。登临秋山，在经历了奇峰曲径、石室悬崖之后，忽然见此小阁，就像久旱遇雨一般，不能不来此一坐。三五好友，分座坐定，清茗一杯在手，会油然而生"又得浮生半日闲"的愉悦之感。

四季山中的冬山是最富想象空间的假山。造园者将冬山安排在南墙之下，背靠高墙几乎终年不见阳光，远远望去似积雪未消，地面用白石铺成，每块石头几乎看不到棱角，给人浑然而有起伏之感。

冬山是以雪石堆砌的山脉，石质晶莹雪白，迎光时荧荧闪亮，背光处则幽幽泛白，皑皑残雪，渲染出一派"北风呼啸雪光寒"的隆冬寒意。

在冬山南面高墙上还有24个风音洞，后面的巷风袭来，时而发出呼啸之声。造园者不光利用"雪色"来表现冬天，还巧妙地将"风声"也融合到表现手法中去，令人拍案叫绝。

冬山用雪石堆叠，人们在用雪石造山的同时，还着意堆塑出一群大大小小的雪狮子，或跳或卧，或坐或立，跳跃嬉戏，顾盼生情。这一幅似与不似之间的"狮舞瑞雪"图，使孤寂的雪山显得生机勃勃，趣味盎然。

冬山山石间还点缀着参差腊梅和南天竺，黄花红果，分外妖娆。右侧西墙之上，设一圆形漏窗，与一墙之隔的春山隐约相望。

正当人们面对端庄、静穆的冬景，感叹一年终了时，蓦然回首，发现西墙上的春山一角，似乎在向人们招手，暗示春天又将来临。

冬山宜居，不过，最好的当然是仨俩知己，聚在这座面山而筑的透风漏月厅里，围炉赏雪、夜话。

"透风漏月"为个园中又一赏景花厅，面冬山而筑，位于冬山之北，南北两边通透，单檐硬山顶，环境清冷幽静。

此厅从其构架形式上来说是方厅，抬梁式的构架是方的，椽子是方的，柱子是方的，石鼓是方的，石磉是方的，地面是方砖铺的，连木雕窗子也是方的。从"透风漏月"的名字就可以知道这里曾经的风雅，厅门口有对联，联道：

<blockquote>
虚竹幽兰生静气；
和风朗月喻天怀。
</blockquote>

上联写厅外虚竹与厅内幽兰同气相应，营造出一种寂静的氛围。下联写人在这样的氛围中，沐浴着四时微风、晴空明月，感悟着宇宙的真理，享受着自然的关怀。

知识点滴

传说，有一年元宵佳节，黄至筠请来了很多盐商在自己心爱的个园内玩耍，他还精心制作了一则哑谜供大家猜射。

他让佣人摆放一张红木圆桌，上置一只玉盘，盘中放一尊纯银的罗汉，让人们打七言宋诗一句，还规定猜的人不能开口，只能用动作表示。谁猜中了就把玉盘和银罗汉送给他。

见两样赠品十分贵重，大家都争着来猜，但又都扫兴离去。过了好一会儿，一个秀才拨开人群，来到桌前。只见他一声不吭，一手抓起罗汉，一手把玉盘在桌上转了一圈，随后抱着银罗汉和玉盘就走。

围观的人喧哗起来，更有人想上前阻拦。这时报中的鼓声连敲三下，大家才知道这个秀才已经猜中。

原来这个哑谜的谜底取材于苏东坡《中秋月》一诗的第二句："银汉无声转玉盘。"

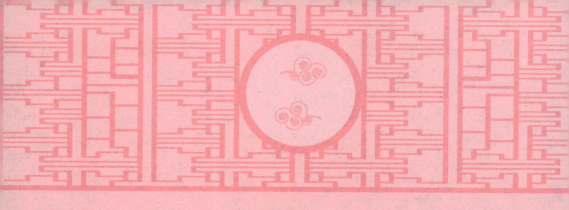

底蕴深厚的精美建筑

　　个园中楼台厅馆各具特色，园的正前方为"宜雨轩"，四面虚窗，可一览园中全景，是园主人接待宾客的场所。宜雨轩，东阔三

楹，四面是窗户。

轩的屋顶用扬州常风的黛瓦，四角微微上扬，清秀之中透出稳重。在宜雨轩门口有一副对联，联道：

朝宜调琴，暮宜鼓瑟；
旧雨适至，今雨初来。

宜雨轩坐落于个园心腹之地，四面通透，为主人宴宾待客之所。这副16字楹联，勾勒出了一幅风雅无限、宾主尽欢的个园雅集图。

"朝宜调琴，暮宜鼓瑟"，典出《诗经》"我有嘉宾，鼓瑟吹笙"。从字面看是说这里既适合弹琴，又适合吹笙，其实是赞誉主人有风雅待客之道。

"旧雨适至，今雨初来"表面写坐在轩里感受自然界的阴晴光

景，其实是用杜甫典故。雨，指朋友，说的是老朋友刚到，新朋友又来了，络绎不绝。还有赞美主人德行美好、所以交谊广远的意思。

清漪亭是一个六角小亭，秀丽挺拔，姣好典雅端庄。宾主在文宴之后，登山之余，移步到此，环顾四周，全园风光尽在眼中。

清漪亭的周围，似乎漫不经心地布置了许多太湖石，而太湖石的外面又被一弯绿水所环抱，清漪亭在这重重拱卫之下，由一个普通的建筑而平添了无限的美感。觅句廊有曲廊和小阁数间，顾名思义，是主人寻觅诗句的地方，内悬一联：

月映竹成千个字；

霜高梅孕一身花。

"觅句"乃是古代文人最风雅的事情，尽管这里只是数步短廊和几楹小阁，但由于冠以"觅句廊"之名，其丰厚的文化内涵绝不能轻视。

　　想当年，主人在夕阳西下之际，秋虫悲鸣之间，绞尽脑汁，苦思冥想，大有"语不惊人死不休"的意味，此情此景，怎能不叫人想起古人卢延让《苦吟》中的名句：

　　　　　　　　　吟安一个字，捻断数茎须。

　　"觅句廊"所蕴涵的正是我国古代文人那种一丝不苟的苦吟精神。个园是清代扬州盐商黄氏的私家园林，是整个黄氏宅第的附属建筑，作为黄氏宅地的具有实际意义的主体建筑，其实并不是个园，而是个园南面的庞大的住宅区。

　　黄宅南临东大街，北抵广储门安家巷，由五路豪宅组成。五路豪宅分开有福、禄、寿、财、喜五座大门，一字儿朝东关街排开，显尽一代盐商的气派。不过，这五座大门可是各有各的用途，平日并不全

开呢！众商户解送盐款到了，这是黄府进账财源滚滚的时候，当然是财门大开喽！

逢家里有人过生日做寿，亲朋好友不说，少不了存心巴结之人前来祝贺，络绎不绝，这时开寿门。

黄家虽是商人，可生意做大了，财力雄厚了，再加上儿子读书争气，这也就距离官场仕途不远了，哪天家中有人中举及第、加官晋级，就该开禄门了。

日常生活中的大小红白喜事，家家都有。而富人家的事当然就更要像个喜事来办，少不了热热闹闹一回，就需开喜门了。

看得见的官不能日日升，喜事不会天天有，可福气这一种无形的东西，却是可以时时刻刻陪伴人们、多多益善的。所以黄家的中路福门是常开的，供平时出入，祈福纳祥。

久而久之，周围百姓只要看黄家开了哪座门，就大致知道黄家今天将会发生什么事了。

后来，个园也成为文人雅士经常来的地方，人们都与黄至筠在个园中谈诗论赋。

但是据说，个园的主人黄至筠初到扬州时，并不是很受欢迎呢！当时扬州的文人、名流因为黄至筠是个商人，大多不屑与他为伍。但黄至筠虽是商人，对文化却有着一种执着的热爱，尤其重视对子女的教育，每年都要花重金聘请安徽的名师来家教子。

每天晚上，黄至筠都要亲自检查孩子的学习情况，发现还有不精之处，就会立刻派仆人陪着到书房，重新请老师讲解，必须完全领悟才可以去睡觉。

二十年如一日，从未间断。严格的要求，优秀的老师，加上自身的努力，黄至筠的四个儿子都很成器，个个工诗词，善书画。

有一天，扬州的一位名士在黄家和孩子的老师谈话，就《汉书》中一些问题请教老师，老师让黄至筠的长子锡庆来回答，锡庆背诵如流，解释详尽。这位名士出来后对人说："黄氏有佳儿，勿轻之也！"

　　黄家二公子黄锡麟就是其中的佼佼者。他喜爱读书学习几乎到了痴迷的状态，从"扬州学派"的著名学者江藩学习。

　　江藩死后，黄锡麟十几年足不出户，潜心钻研汉学，和同时代另外一位学问家马国翰齐名，被称为"辑佚两大家"。

　　黄锡禧是黄家最小的孩子，也是黄家最后一个离开祖屋的人，他就好像大观园里的宝玉一样，历经家业由盛而衰的全过程，晚年寓居泰州。他让儿子自幼习医，医术高明，在上海悬壶济世，有"一指神针"的美誉。

　　在当时众多盐商子弟崇尚奢华、不学无术的世风下，黄氏佳儿成为一时美谈。而那些文人雅士也再不敢轻视黄至筠了。

知识点滴

　　个园的觅句廊顾名思义，是苦苦寻觅诗句的地方。觅句廊的对联是清代大诗人袁枚的两句诗。关于这两句诗还有一个故事呢！

　　有一天，袁枚家侍弄花木的雇工跑来向他报喜说："老爷，梅树已经一身花啦！"

　　这句话给了袁枚以灵感，于是吟出了"月映竹成千个字，霜高梅孕一身花"的佳句。

　　上句写月光下的竹林是看不清枝干的，只有伸展出来的一片片竹叶被月光照亮，宛如成千上万的"个"字。下句写梅花喜欢严寒，越是霜重雪浓，越是能够孕育出一树繁花来。最终这两句诗成为了个园觅句廊的对联。

扬州何园

　　何园坐落于江苏省扬州市徐凝门街，始建于1862年的清代。何园前后建筑共历时13年，占地14000多平方米。

　　何园原名"寄啸山庄"，园名取自陶渊明"归去来兮……依南窗以寄傲，登东皋以舒啸"之意，后辟为何宅的后花园，故而又称"何园"。

　　何园是扬州大型私家园林中最后问世的一件压轴之作，被誉为"晚清第一园"，其中，片石山房系石涛大师叠山作品，堪称人间孤本。

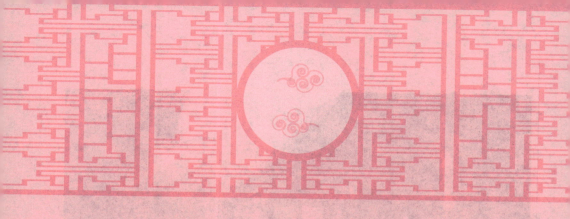

精致的何家园林建筑

何园坐落于江苏省扬州市徐凝门街，由何芷舠始建于1862年的清代。何园把廊道建筑的功能和魅力发挥到极致，1500米复道回廊，是我国园林中绝无仅有的精彩景观。左右分流、高低错落、衔山环水、登堂入室，形成全方位立体景观和全天候游览空间，把我国园林艺术的回环变化之美和四通八达之妙发挥得淋漓尽致。

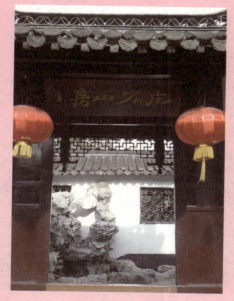

进入何园的东大门，首先就是何园的后花园，整个后花园分东、西两部分。穿过"寄啸山庄"的圆洞门，呈现在我们眼前的是牡丹厅，迎面山墙上嵌有"风吹牡丹"的砖雕，牡丹厅因此而得名。

在东园的所有建筑群中，最为精致的要数船厅了。船厅为单檐歇山式，带回廊，面阔约16米，进深将近10米。整座厅似船形，厅周围以鹅卵石、瓦片铺成水波纹状，给人以水居的意境，船厅正厅两旁柱上有副楹联：

月做主人梅做客；
花为四壁船为家。

船与园主人何芷舠的一生都有非常密切的联系。何芷舠是安徽望江县人，当时的望江三面临水，一面靠山，他从小就与船结下了不解之缘，所以他辞官来到扬州后，在自己的家园中建造这艘旱船，船厅四面为通透的法国玻璃镶嵌的花窗，给人以"人在厅中坐，景自四边来"的意境。

船厅厅北有假山贴墙而筑，参差蜿蜒，妙趣横生。东有一六角小亭，背倚粉墙。西有石阶婉转通往楼廊。南边建有五间厅堂，三面有廊。复道廊中的半月台，是中秋赏月的好地方。

贴壁假山是在船厅后侧风火墙上紧贴墙壁堆叠的一组长达60余米的假山，上有盘山蹬道，下有空谷相遇，水绕山谷，山上有月亭，过月亭可登上复道回廊，形成全园上下立体交通。

如果把风火墙比作一张宣纸，那贴壁假山就是一副刚画好的山水画，拐弯处还给人以悠远的感觉，给人无限遐想。也是防止主人家"抬头见东墙"，使其更加吉利一些。

翰林公子读书楼是何园文脉的象征。何氏家族从何芷舠父亲这辈起通过科举做了大官，留下了厚学重教、诗礼传家的门风。

如果说东园是后花园的序幕，西园则是后花园的主体。走入西园第一个映入眼帘的就是那贯穿全园的复道回廊。

回廊，扬州人俗称串楼，分上、下两层，它将东园、西园、住宅院落都串联在一起，人们即使在雨天，也可免遭淋漓之苦，尽情欣赏全园美景。

回廊是何园建筑艺术的最大特色。回廊复廊逶迤曲折，延伸不断。廊的东南两面墙上开有什锦洞窗和水磨漏窗。

西园空间开阔，中央有一个大水池，楼厅廊房环池而建。池中央便是水心亭了，这座水心亭是我国仅有的水中戏亭，水心亭是为了巧

用水面和环园回廊的回声，增强其音响的共鸣效果而建的，以供园主人观赏戏曲和歌舞之用。

水池的北面池东有石桥，与水心亭贯通，亭南曲桥抚波，与平台相连，是纳凉之所。

池的北楼宽七楹，是主人用于宴请宾客的宴厅，因屋顶高低错落，中楼的三间稍突，两侧的两间稍敛，屋角微翘，形若蝴蝶，故称蝴蝶厅。厅内木壁上刻着历代名碑字画。

楼旁与复道廊相连，并与假山贯通分隔，廊壁间有漏窗可互见两面的景色。池西一组假山逶迤向南，峰峦叠嶂，后有桂花厅三楹，有黄石假山夹道，古木掩映，野趣横生。

池的南面有一座湖石假山与水心亭隔水相望，这座假山从建园意境上来观察体味，不由得就领略到"空山新雨后，天气晚来秋。明月松间照，清泉石上流"的意境。

从复道曲折南行，便到了赏月楼，又称怡宣楼，这里是全园赏月最佳场所，园主人的母亲就在此居住。廊旁的铁栏杆上均刻有"延年益寿"字样。

自赏月楼小院有东门直达玉绣楼所在庭院，顿有开阔疏朗之感。玉绣楼是两栋前后并列的住宅楼的统称，因院中种植广玉兰和绣球而得名。100多年前，何家的老少主人们，就在这样的一个园居空间里一幕幕演绎他们的人生故事。

玉绣楼的主体建筑是前后两座砖木结构二层楼，采用我国传统式的串楼理念，此外，在体现住宅建筑功能和人性化需要方面，也有一些值得称道的细节，如地面设通风孔、地下建近两米高的透气层等，可见当时园主人"与时俱进"的思想！

出玉绣楼沿着复道回廊向东入骑马楼，骑马楼是何园的客舍。骑马，意味着异乡和征途。何园客舍取骑马为名，别有一番苦心深意。

另有一说，骑马楼，形似马鞍，分为东西两幢楼。

东楼亦称东一楼，往北整齐排列东二楼、东三楼。此三幢楼，皆为两层，前后相连，上下相通，宛若迷宫。东一楼、东二楼、东三楼之间，有两个庭院，东二楼中间有过道，将前后两个庭院连通。

玉绣楼前面是一座面积为160平方米的"与归堂"，是目前扬州保存最大最完整的一座楠木厅，此处为主人会客的地方。

何园虽是平地起筑，但却独具特色。通过嶙峋的山石、磅礴连绵的贴壁假山，把建筑群置于山麓池边，并因地势高低而点缀厅楼、山亭，错落有致，蜿蜒透迤，山水建筑浑然一体，有城市山林之誉，是扬州住宅园林的典型。

园中的植物配置也独具匠心。半月台旁的梅花、桂花、白皮松，北山麓的牡丹、芍药，南山的红枫，庭前的梧桐、古槐，建筑旁的芭蕉等，既有一年四季之布局，又有一日之中早晚的变化，极尽人工雕琢之美。

何园的主要特色是把廊道建筑的功能和魅力发挥到极致。何园中1500米复道回廊，把我国园林艺术的回环变化之美和四通八达之妙发挥得淋漓尽致，被誉为立交桥雏形。

在园中的回廊窗格和壁板上刻有苏东坡、唐伯虎、郑板桥等人诗画，回廊墙壁石碑上嵌有古人的诗句。回廊上的"观园镜"，可通观全园景色，给人以"山外青山楼外楼"的景观印象，充分体现了建筑艺术与自然景物融为一体之美。

知识点滴

人间孤本的假山盛景

1883年，何芷舠购得片石山房，扩建园林。当时"片石山房"与何园紧相毗邻。史称"片石山房在花园巷，一名双槐园，歙人吴家龙别业，今粤人吴辉谟修葺之。园以湖石胜。"

又据清钱泳《履园丛话》卷二十记载，片石山房内"二厅之间，漱以方池。池上有太湖石山子一座，高五六丈，甚奇峭，相传为石涛和尚手笔"。

　　石涛是我国明末杰出的大画家，原名朱若极，他是清代著名的山水画家，开辟了扬州画派，为扬州八怪的先驱。石涛遍访名山大川，"搜尽奇峰打草稿"，晚年定居扬州，留下叠石的人间孤本"片石山房"。

　　此园的设计，以石涛画稿为蓝本，顺自然之理，行自然之趣，表现了石涛诗中"四边水色茫无际，别有寻思不在鱼。莫谓池中天地小，卷舒收放卓然庐"的意境。园中假山丘壑中的"人造月亮"是一奇观，盈盈池水，盎然成趣。

　　片石山房是何园的园中园，又名双槐园，所以何园又有大花园、小花园之说。此次扩建修复了片石山房中的明代楠木厅、水中月等建筑。

　　楠木厅在石山房东面，是何园保存年代最久的一幢建筑，俗称明楠木厅，它结构严谨，典雅端庄。在楠木厅西侧有一"不系舟"。楠

木厅东院墙上嵌有砖刻"片石山房"四字，是后来人们临摹石涛真迹而放大的。

水中月是片石山房中假山丘壑处的一道奇观，是园林大师石涛在片石山房的墙壁和叠石之间匠心独运造就的。

片石山房内假山结构别具一格，采用下屋上峰的处理手法。主峰堆叠在两间砖砌的"石屋"之上。有东西两条道通向石屋，西道跨越溪流，东道穿过山洞进入石屋。

山体环抱水池，主峰峻峭苍劲，配峰在西南转折处，两峰之间连冈断堑，似续不续，有奔腾跳跃的动势，具"山欲动而势长"的画理，符合画山"左急右缓，切莫两翼"的布局原则，显出章法非凡的气度。

进入片石山房，门厅有滴泉，形成"注雨观瀑"之景。南岸三间水榭与假山主峰遥遥相对。

西室建有半壁书屋，石涛曾写过一首诗：

> 白云迷古洞，流水心淡然。
> 半壁好书屋，知是隐真仙。

中室涌趵泉伴有琴桌，琴声幽幽，泉水潺潺，给人以美的享受。东室有古槐树根棋台，抬头可见一竹石图，形成了琴、棋、书、画连为一体的建筑风格。

片石山房虽占地不广，却丘壑宛然，特别是水的处理恰到好处，渗透到廊、厅、亭、假山，滴泉、涌泉、瀑布，动中有静、静中有动。

片石山房以湖石紧贴墙壁堆叠为假山，山顶高低错落，主峰在西，山上有一棵寒梅，东边山巅还有一棵罗汉松。山腰有石磴道，山脚有石洞屋两间，因整个山体均为小石头叠砌而成，故称片石山房。

石块拼镶技法极为精妙，拼接之处而自然之势而无斧凿之痕，其气势、形状、虚实处理等，与石涛画极相符。山房名称、楠木大厅、不系舟接曲廊等处的条联，皆依石涛的诗词遗墨镌刻。

此次扩建，还增设了何家祠堂。何家祠堂是一个单独的院落，成"一"字排开，这在我国的祠堂建筑中极为少见。在寝堂中掘井一眼，就更为罕见了。

祠堂现分飨堂和寝堂两个部分。在我国古代的礼仪制度中，飨堂是家族或家庭举行祭祀大典的预备场所，也兼做聚会厅、议事厅和法庭，讨论处理宗族大事，还是每月朔日子孙学习家规的地方。

寝堂是供奉祖先神主的建筑，其后檐墙前设神橱，供奉历代神主牌位，楼上作为专门摆放历代恩纶、族谱等重要文献的地方。据何家后人回忆，当年祠堂内没有牌位，仅挂容像。

祠堂内陈设的容像是按照一定顺序排列下来的。中一间容像为园主人芷舠公的上五代。西间容像居中的为园主人父亲何俊和俊公的大夫人陈氏，右幅为俊公的三夫人任氏，左一幅为俊公的五夫人程氏。东间容像为园主人芷舠公和孙夫人。

片石山房在重建时，园内新添碑刻，选用石涛等诗文九篇，置于西廊壁上。壁上还嵌置一块硕大镜面，整个园景可通过不同角度映照其中。片石山房占地不广，却丘壑宛然，典雅别致，在有限的天地中给人以无尽之感。

知识点滴

何园的建筑不但保持着我国古典园林风格，还完整地再现了独特的造园手法。既有江南园林的秀气又有洋派的开阔，在我国清末园林中独树一帜。

何芷舠不仅是官运亨通的权贵，还是很讲究品味的人。何家与北洋大臣李鸿章、洋务派代表人物张之洞、光绪的老师孙家鼐、翁同龢有姻亲关系。

园主出过洋，思想开明，目光并不只视"唯有读书高"。家训中有"将功名富贵四字置之度外"和"何必入仕然后谓之能行"的训条。